JN108372

アスリートのパフォーマンスを高める！

ポイントは首にあった！

快眠エクササイズ

せたがや整骨院院長
宮沢資長 著

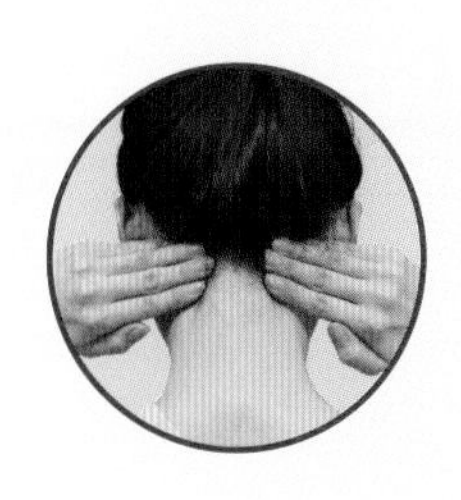

はじめに

現代人にとって国民病とも言える睡眠障害。不眠とその弊害についてはあまたのメディアでも取り上げられ、今では睡眠をサポートするサプリメントや医薬品なども多く販売されています。

しかしながら、自分が「よく眠れていない」事実に気づかず、知らず知らずのうちに疲労を溜め込んでしまっている人も少なくありません。それは、肉体を酷使するアスリートにとっては実に深刻な問題だと言えます。

私の治療院にはUFCやONEなどの総合格闘技、パワーリフティング、プロレス、柔道、ボディビルなど多様なジャンルのアスリートの方々が訪れます。また、著名なプロミュージシャン、日本を代表する劇団の俳優さん、海外でも活躍されたバレリーナなど、毎日誰かしらプロフェッショナルの方がいらっしゃいます。

そうした中、20年以上に及ぶ施術を通して感じたことは、実に多くの方が眠れない、疲れが取れないなどの体調不良を抱えているという現状です。特に肉体を酷使するアスリートは顕著で、練習やトレーニングに回復が追いつかず、オーバーワークになっている方がたくさん見受けられます。

トレーニングや練習、栄養管理については、みなさん高い意識をお持ちです。しかしながら、「休養」は後回しにされてしまっている感が否めません。休養がうまくいってこそ、トレーニング、練習、摂取した栄養の消化・吸収がスムーズに行えるようになるのです。

休養できる体を作る。それは、しっかりと眠れる体を作ることでもあります。寝つきが悪い。疲れが取れない。そういった悩みを持つアスリートに実際にアドバイスしているポイントを、ここにシェアさせていただきます。これはもしかしたら、一般的な睡眠に関するノウハウにはあまりない、独自のアドバイスかもしれません。本書がアスリートの〝睡眠難民〟救済の手助けになれば幸いです。

2023年4月　宮沢資長

Contents

第1章

「病気」ではないからこそ怖い「歪み」

「対症療法」と「根本療法」

これまで「睡眠本」を上梓されてきた方々は、大学の教授だったり、スリープクリニックの院長さんであったり、「睡眠」について長く、専門的に研究されてきた方がほとんどだと思います。なぜ、街のカイロプラクティックの院長が睡眠についての本を書くことになったのか。カイロの先生なんて、門外漢ではないか。そう感じた方も多いのではないでしょうか。

「カイロプラクティック」という言葉を聞いて、連想するものはなんでしょう？「首をバキバキと鳴らすやつ」「整体やマッサージのような何か」、おそらくそんなところでしょう。「カイロプラクティック」と「睡眠」が、頭の中でイメージとしてなかなか結びつかないという人が多いかもしれません。

我々カイロプラクティックのドクターも、整体師の先生も、病院のお医者さんも、その目的は患者さんの「健康」です。それぞれの治療にはそれぞれの学説、理論、セオリーなどがあり、それらに従って患者さんの悩みを解決すべく治療を施します。

まず、この「治療」には大きく分けて2つの種類に分けられます。それは「対症療法」「根本療法」と呼ばれるものです。一般的に「対症療法」と呼ばれているものは、痛みなどの原因にアプローチするものではなく、症状を軽減するために施される治療です。表面に現れた症状を抑え込むもの、といえば分かりやすいかもしれません。

一方、「根本療法」（「原因療法」とも呼ばれます）は、「対症療法」とは対極に位置するものです。痛みの緩和や軽減などではなく、根本的な原因の解決を目指して症状の原因そのものを取り除くためのものです。

例えば、ビル内のどこかで火災が発生して、非常ベルがけたたましく鳴ったとします。とにかくやかましいのを何とかしようと、非常ベルを止めるのが「対症療法」です。しかし、これでは事態の根本は何も解決しておらず、ビル内はもとの静けさを取り戻したものの、火はまだくすぶっています。このまま放置しておくと、またすぐに非常ベルが鳴り、火災の範囲も広がってしまいます。

そうではなくて、まずは出火場所を突き止めて、速やかに消火活動に移るのが「根本療法」です。すると当然、自然と非常ベルは鳴りやみます。

このように「対症療法」と「根本療法」は全く異なるものなのですが、その違いが世間一般にはほとんど知られていないのが実情です。今、自分が受けている治療が「対症療法」なのか「根本療法」なのか、把握できている人は少ないのではないでしょうか。

これは非常ベルの音を「痛み」や「凝り」、「筋肉の張り」などに置き換えたら分かりやすいと思います。非常ベルの音は、火災が起きたことによる反応にすぎません。同様に、「痛み」や「凝り」、「筋肉の張り」といった症状は、それそのものが原因ではありません。〝火元〟は別の場所にあります。

一時的に筋肉の血行を改善するマッサージやストレッチは、対症療法に分類されます。鳴りっぱなしの非常ベルをとにかく止めるための施術です。温泉やサウナなども対症療法に入ります。

現実として、原因を突き止めないまま、対症療法で痛みなどをごまかし続けている人は多いかと思います。一時的に痛みや凝りが解消されて、まるで完治したかのような感覚を覚えても、それは非常ベルの音を止めたにすぎず、原因は放置されたままになっているかもしれません。

「根本療法」としてのカイロプラクティック

　では、カイロプラクティックはどうなのか。これは「根本療法」に分類されます。カイロプラクティックは海外80カ国で医学として認められており、医学的、科学的根拠に基づき、主に椎骨サブラクセーション（背骨の歪み）の治療が行われています。しかし、日本では法制化が進んでおらず、一般にはまだあまり知られていません。

　症状にアプローチするのではなく、身体のバランス（骨格構造）と身体の機能（神経機能）を自分が持っている本来の状態に戻す。これがカイロプラクティックのベースとなる考え方です。痛みなどの症状の〝火元〟は、身体のバランスと身体の機能に潜んでいるのです。

　身体バランスとは、ようするに「姿勢」です。「身体のバランスを本来の状態に戻す」とは、つまりは姿勢を整えるということです。少しマニアックな話をすれば、ここで言う「姿勢」とは「解剖学的肢位」とは異なります。解剖学的肢位とは、立った状態で体の部位や位置を示すための基本となる姿勢で、手のひらは前に向けています。トレーニング関連の書籍などに掲載される全身の筋肉図、解剖図のほとんどは、この解剖学的肢位のはずです。

それとは別に「機能的肢位」というものがあります。これは、簡単に言えば体を正しく動かせる姿勢で、「気をつけ」をイメージすれば分かりやすいでしょうか。これがいわゆる、骨格上の「正しい姿勢」と呼ばれるもので、世界共通の概念です。頚椎は前弯、胸椎は後弯、腰椎は前弯、骨盤は後弯している状態が正常です。これがスポーツによる怪我や疲労の蓄積などにより、徐々に歪んでいってしまうのです。

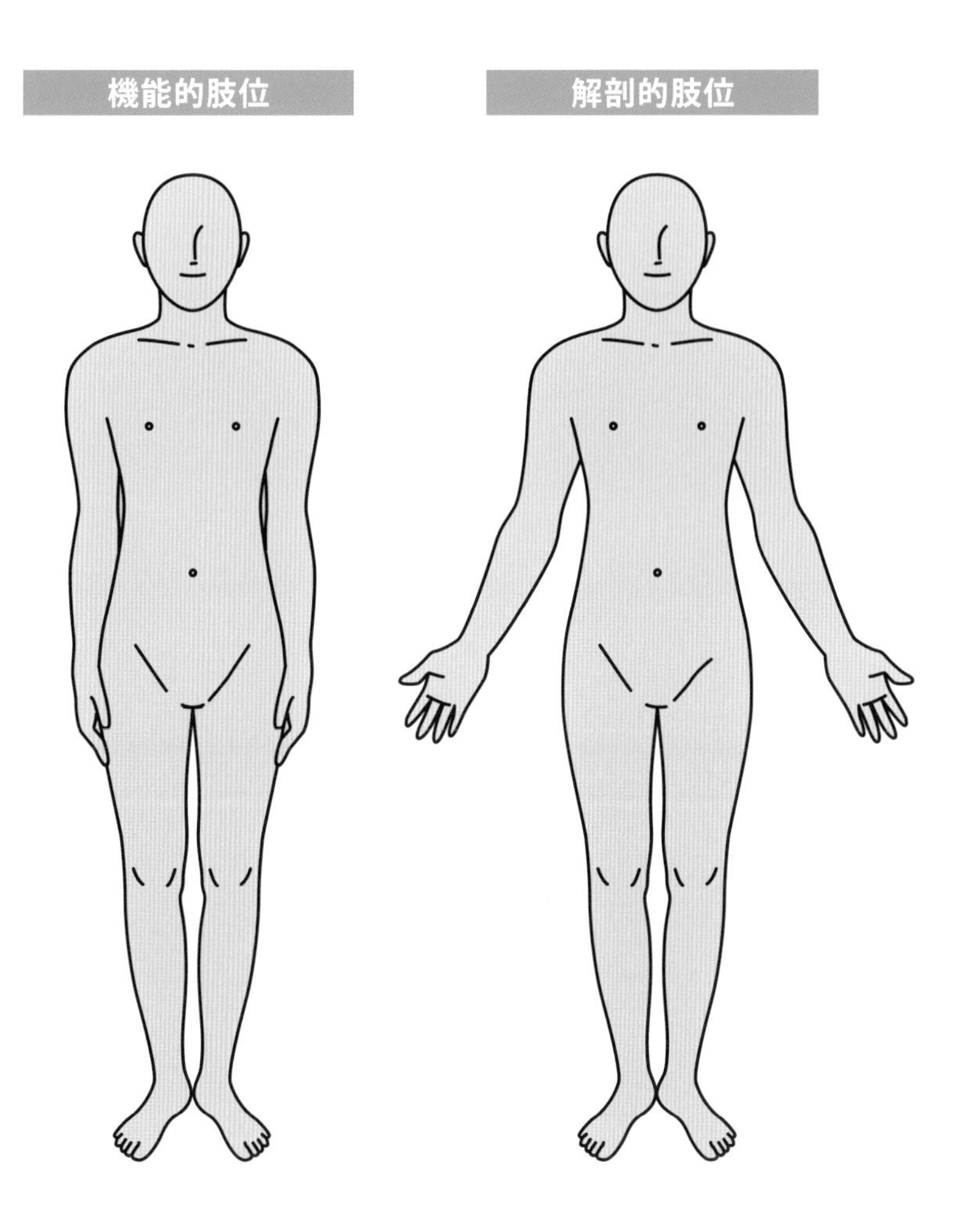

「機能的肢位」は骨格上の「正しい姿勢」。
トレーニング関連書籍などでよく見られるのが　「解剖学的肢位」

良い姿勢

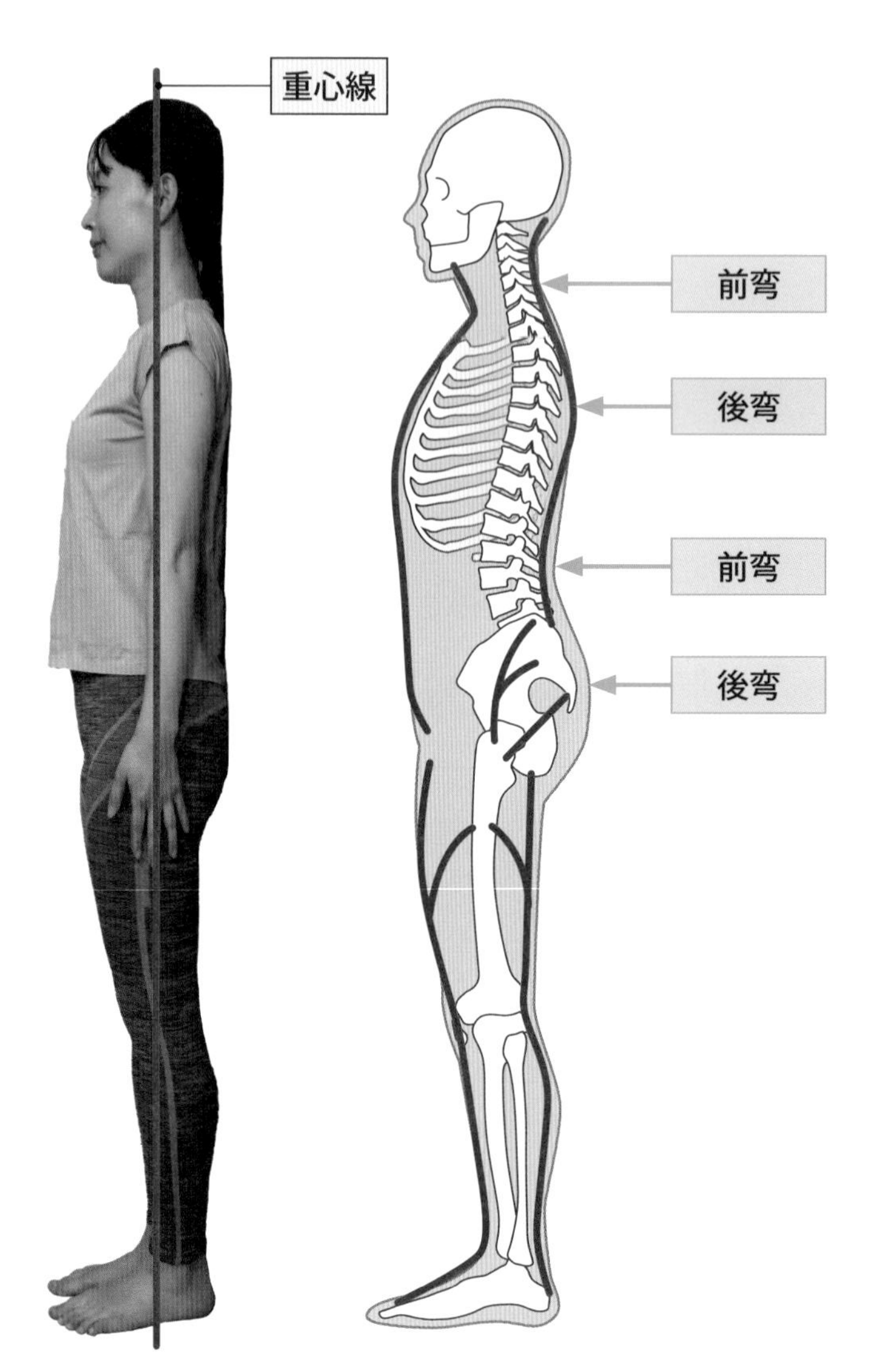

立位における理想的な正しい姿勢。頚椎は前弯、胸椎は後弯、腰椎は前弯、骨盤は後弯している状態。重心線は耳、肩、大転子、膝、くるぶしの前を通る。左ページは猫背の状態。

悪い姿勢

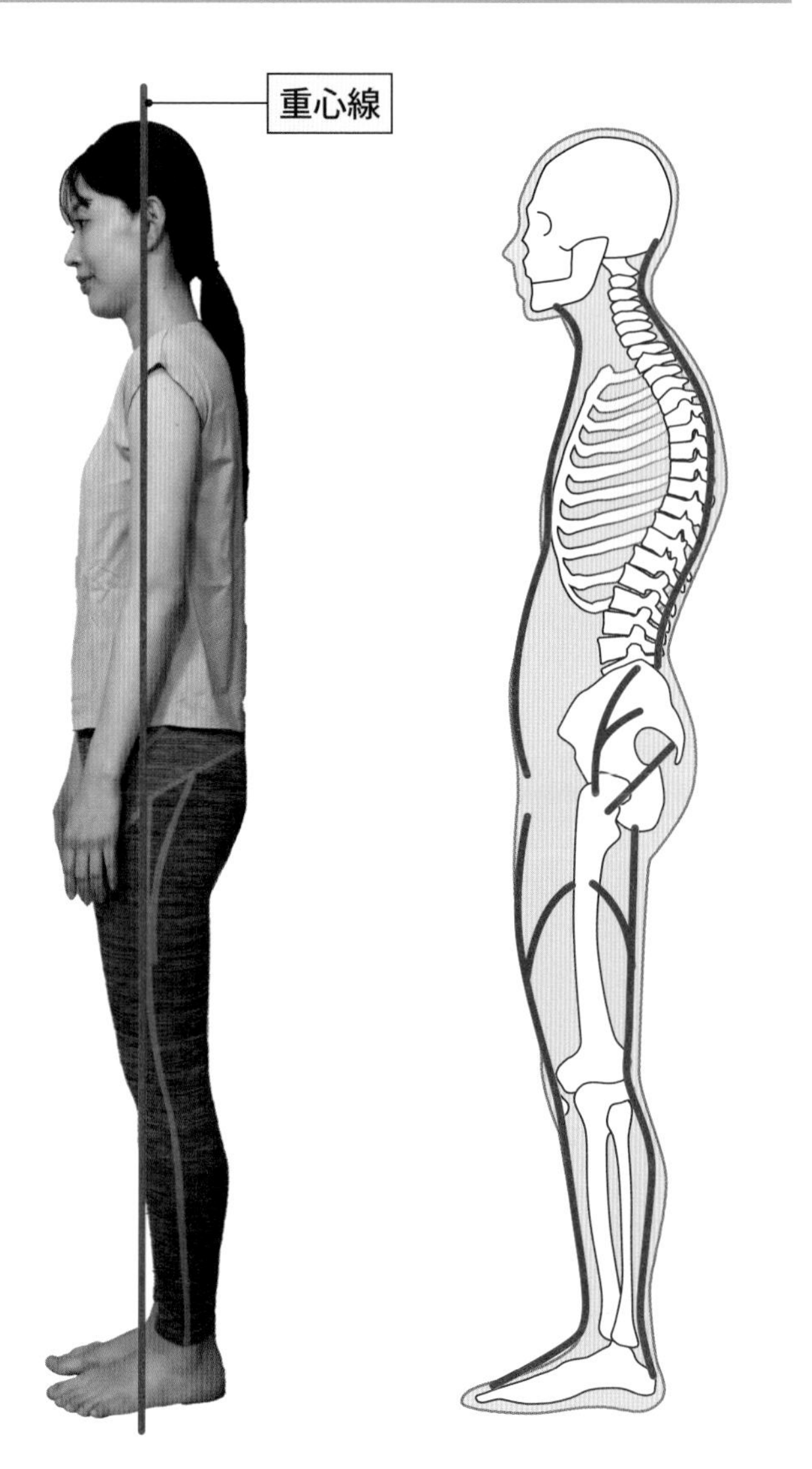

そして、「身体の機能」ですが、これは関節の動き、力の入り具合、内臓の働きなどを指します。しっかりと関節を動かせて、筋肉にもしっかりと力を入れることができ、内臓もしっかりと働いて食べたものを消化・吸収できる。これが身体の機能が正常に働いている状態です。

そうした機能が低下した状態に病名はありません。しかし、そのまま放置しておくと、いずれ病気につながります。マッサージやストレッチで楽になったように思えても、火元はそのままになっています。火元となる骨格の歪み（身体バランス）や身体の働き（神経機能）に働きかけるのが、カイロプラクティックという施術です。

歪みの現実とその原因

現代人特有の症状に「スマホネック」があります。正常な頚椎には弯曲がありますが、スマホを見続けることでその弯曲がなくなってしまうのです。いわゆる「ストレートネック」です。

昔は農作業などで中腰姿勢の仕事が多く、腰が「く」の字に曲がってしまった高齢者を多く見かけたものでした。ところが、現代はスマートフォンやパソコンなどを仕事や生活で日常的に使用する時代。我々は首をいつも、前方へ傾けた状態でいることが多くなってきました。それらに触らない日はないと言っても過言ではないほど、日常生活でも仕事でもスマホやパソコンを扱うことが多くなっています。そんなライフスタイルの変化もあり、腰よりも首に負担がかかることのほうが多くなっています。

人の頭の重さは体重の約８～10％と言われており、頚椎前弯、胸椎後弯、腰椎前弯、骨盤後弯という生理的弯曲により、頭の重さを全身でクッションのように支え、守っているのです。

日ごろ、生活や仕事でスマホやパソコンで作業している姿をイメージしてみてください。頭が前方に出て、背中が丸みを帯びて「猫背」のような状態になってしまいます。猫背のように背中が丸くなり頭が前に出た状態では、後頭下筋群、僧帽筋、肩甲挙筋などにストレスが絶えずかかってきます。すると当然、それらの筋肉は緊張しっぱなしの状態を強いられることになります。

ストレートネック自体はあくまで「状態」で、「病気」や「怪我」ではありません。西洋医学においての治療法は特にはありません。ストレートネックでリハビリテーションに通う、手術を受ける、といったこともないでしょう。痛いのならば、痛み止めの薬を飲む。これで終わりです。

しかし、ストレートネックがその先の人生に及ぼす影響は、一般にはまだあまり知られてはいません。5年、10年、20年、30年…と時間が経過するにつれて骨が変形して固まってしまい、やがては健康被害を引き起こします。

また、首だけでなく、骨格のバランスを崩す要因は日常のいたるところに潜んでいます。仕事で体を偏った使い方をしている、例えば右腕だけをよく使うとか、左側だけに体を捻じるとか、そういった行為を長時間続けると、やはり骨格の左右差が生じてきます。現代人にとって避けるのが困難な精神的ストレスも、骨格の歪みを生じさせる原因になると言われています。

首の歪みの進行のイメージ図

正常

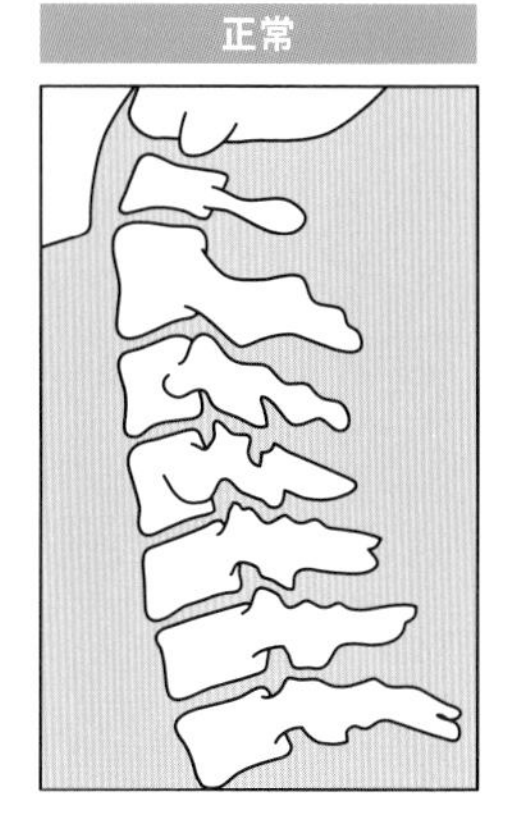

第1段階

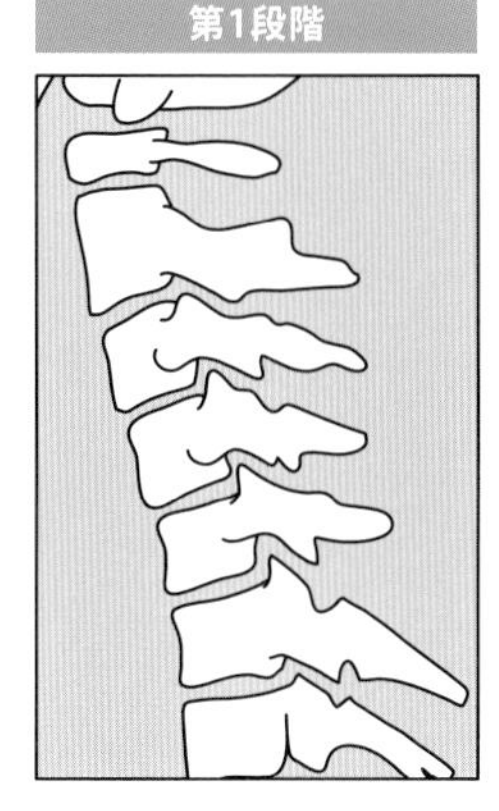

第2段階

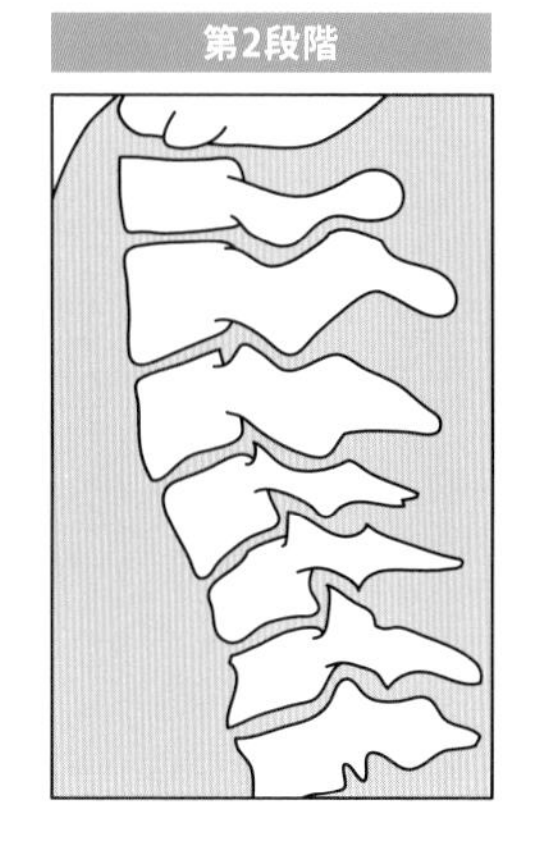

第3段階

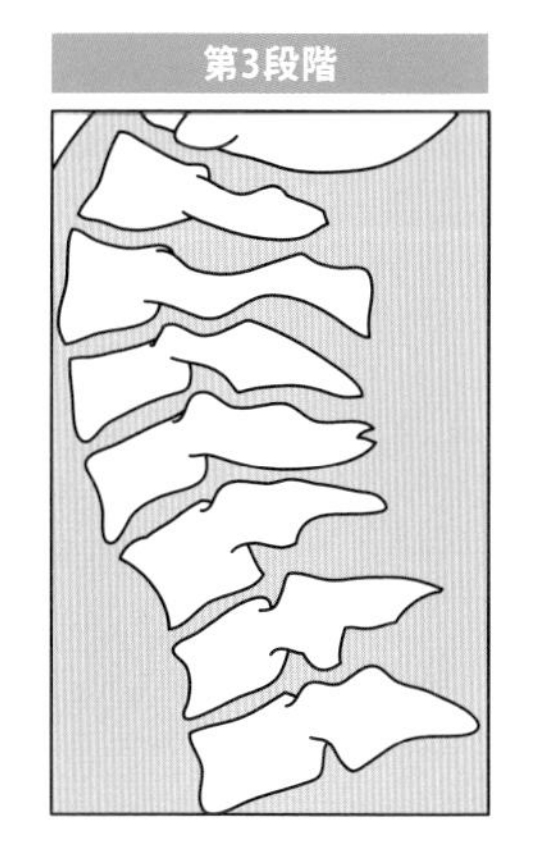

第4段階

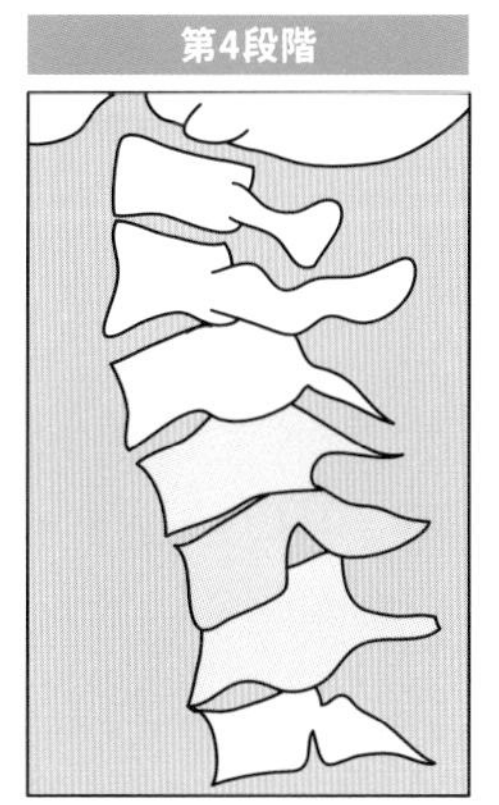

頚椎の歪み（サブラクセーション）の進行のイメージ。放置していると、時間の経過とともに進行していく

そして、最大の原因となっているのが、骨の成長段階における怪我です。小学生のころに階段で転んだ、ジャングルジムから落ちた。そうした衝撃が未発達の骨に歪みを生じさせています。さらには、まだ骨がしっかりとは固まっていない赤ちゃんがハイハイをするようになり、1日に何回も尻もちをつく。これで骨盤が歪んでしまうこともあります。

スポーツにおける損傷や長時間のパソコン作業による姿勢不良。これらは大人になってからの出来事なので、腰痛などの症状があらわれた際、その原

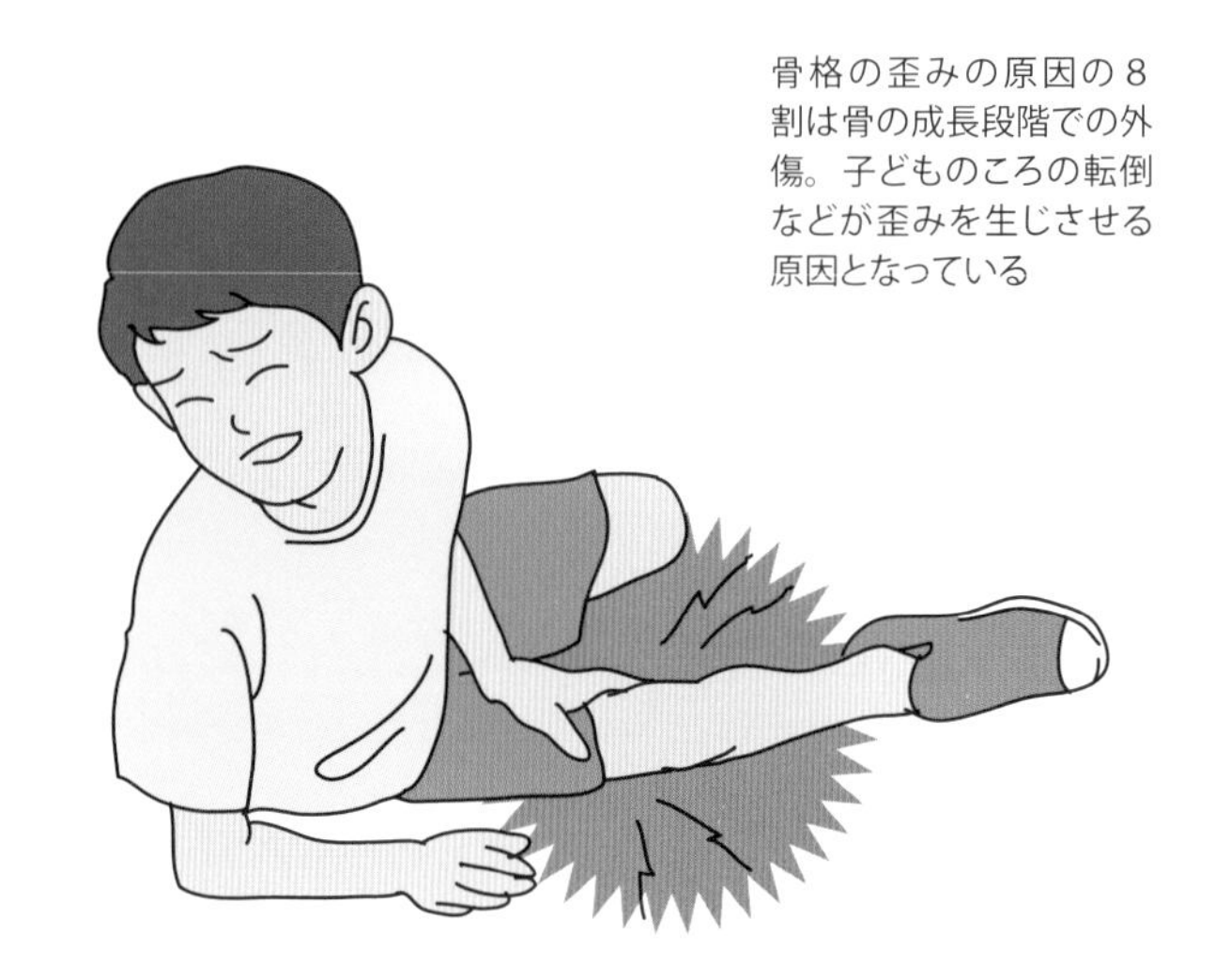

骨格の歪みの原因の8割は骨の成長段階での外傷。子どものころの転倒などが歪みを生じさせる原因となっている

因として思い当たる節があるはずです。ところが、骨格の歪みの原因の８割は、こうした骨の成長段階での外傷だと言われています。

外傷には、明確な理由があります。自然に骨格が歪むことはありません。しかし、小学生のときに転んだことなど、普通は覚えていません。ほとんどの人が、自分でも気がついていないところで身体バランスを崩しているのです。

体が歪んだままでトレーニングを続けていくと、さらに体全体が歪んでいきます。歪みを補正しようとして、補正が補正を生んでいき、さらに複雑な歪みが生じます。ただ、これは怪我でも病気でもないので、病院の検査では「異常ナシ」という結果になります。こうした歪みは、自然治癒はしません。いつの間にか治っていた、ということは起こりえないのです。

アスリートのメンテナンス＆コンディショニングのほとんどが、筋肉に対するアプローチのみとなっているのが現状です。しかし、よくよく考えてみてください。大なり小なり程度に差はあれど、筋肉の疲労や怪我による擦り傷や捻挫・打撲などは、休めば必ず自然治癒していくものです。ですが、虫歯はどうでしょう？　虫歯は自然治癒せず放置していると徐々に時間をかけて進行してしまいます。

カイロプラクティックでいう椎骨サブラクセーションも同様です。自然治癒するどころか、頚椎へのストレスの蓄積も時間をかけながら徐々に進行していき、やがてはストレートネックや変形、ヘルニアといった状態へ進んでいってしまうのです。

第2章
快眠のカギは自律神経にあり

「未病」という西洋医学の盲点

カイロプラクティックというと、首をバキバキと鳴らす治療を思い浮かべる人が多いと思います。実際に、これまでメディアなどではカイロプラクティックの施術として、そのようなシーンが頻繁に取り上げられてきました。

私の施術では、首の骨は一切、鳴らしません。筋肉を引っ張ったり、捻ったりもしません。また、同じカイロプラクティックでも、私のように「首」から診ていく先生もいれば、骨盤から診ていく先生もいます。これらは、分かりやすくいえば流派の違いのようなもので、バラバラのことをやっているように思えて、どれも理論は一緒です。カイロプラクティックの理論は世界共通で、その上にテクニックが成り立っています。施術の違いは理論ではなく、テクニックの違いです。例えばトレーニングなら、筋肥大やパワーアップの基本的な理論は同じでも、トレーナーさんによって指導方法が異なるのと同じだと思ってください。

さて、根本療法であるカイロプラクティック。実はその神髄は、体をよく眠れる状態に

現代人にとって身近な西洋医学。これは科学的検証の上に成り立つ「実験医学」（©GettyImages）

することにあります。それを理解していただく前に、まずは「カイロプラクティック」「西洋医学」「東洋医学」、それぞれついて説明する必要があります。

この３つの中で、私たち現代人にとってもっとも身近なのが「西洋医学」です。西洋医学は、「この細菌には、この物質が効く」「病気が見つかれば、それを取り除く」といった発想をもとに発展を続けてきました。そのベースにあるのがエビデンス（科学的根拠）で、西洋医学は科学的検証の上に成り立つ「実験医学」です。西洋医学の進化が現代の私たちの生活に大きく寄与していることは言うまでもありません。

一方の東洋医学は、治療経験を体系化した「体験医学」です。西洋医学には「健康」と「病気」しかありません。「病気」の場合は、手術もしくは薬を投与して治療することになります。東洋医学には、「健康」と「病気」の間に「未病」というものがあります。これは実験医学ではない、体験医学だからこその発想です。

人は健康な状態から、いきなり病気になるわけではありません。病気になる前の段階で、「なんだか調子がおかしい」「少しだるい感じがする」といった「未病」の状態が存在します。この「未病」を治すところに東洋医学の神髄があります。ただし、これは「病気」ではありませんので、「病気」ではないので、西洋医学の検査では見つけることができません。この「未病」の段階が、西洋医学では盲点になっている部分です。

西洋医学×東洋医学×カイロ＝眠れる体

東洋医学には「気の流れ」という考え方があります。人体の気の通り道が「経絡（けいらく）」で、その要所要所に位置するのが「経穴（けいけつ）」です。これは「ツボ」と表現すれば、伝わりやすいでしょうか。

「気の流れ」というとなんだかオカルトのように聞こえますが、実は東洋医学の「経絡」「経穴」と西洋医学の神経網は、その８割が一致していると言われています。東洋医学が体系化された時代には解剖学はまだなかったため、当時の医者は「経絡」「経穴」で神経の流れを見ていたのではないかと思います。そして、「経絡」「経穴」で気の流れが滞ると「未病」になり、やがては「病気」につながると考えられてきたのです。

私はかつて、オリンピックの公認スポーツドクターを務めた整形外科医のもとに勤務していました。そこでは西洋医学の外科治療に間近で触れることができました。同時に、鍼灸師の資格も取得しました。鍼灸では、全身の気の流れを整えるために鍼を打ちます。そのベースにあるのは東洋医学です。

その東洋医学の「経絡」と「経穴」の要素が神経機能の働きとして含まれているのがカイロプラクティックです。整形外科では様々な怪我や病気を勉強させてもらいましたが、そこで気づいたのが「未病の人があまりにも多い」ということです。そして、東洋医学で「未病」は改善できる、予防できるということを知り、私は全身の気の流れを学んだので

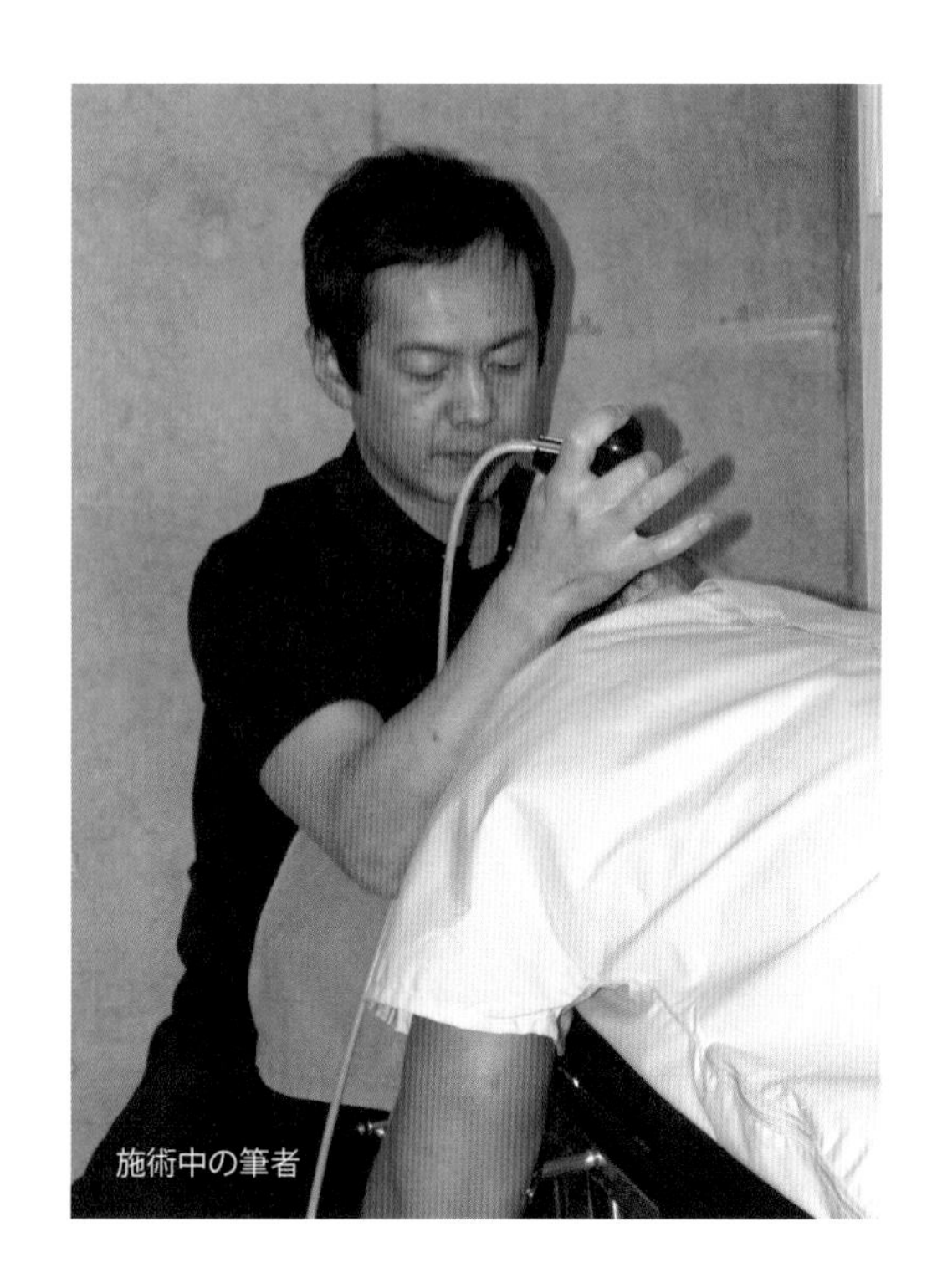
施術中の筆者

すが、そこでは私が納得できるエビデンスには出会えませんでした。

そして私が行きついたのが、カイロプラクティックです。カイロプラクティックで首を調整することが神経機能の働きを整え、睡眠の質やアスリートのパフォーマンスアップにつながるというところにたどりつきました。

カイロプラクティックはエビデンス医学です。カイロプラクティックにもいろんな流派がありますが、主に首の緊張を取ることによってよく眠れる体にして、自然治癒力を高める。これが私が考えるカイロプラクティックです。「西洋医学」「東洋医学」「カイロプラクティック」の「いいとこどり」をした施術と言ってもいいでしょう。

「自律神経のバランスが崩れる」とは？

東洋医学の神髄は「未病」を治すことにあります。そして、カイロプラクティックの神髄は「眠れる体にする」ことにあります。

その「眠れる体」のキーとなるのが自律神経です。自律神経とは自分の意思とは関係なく自動的に働く神経です。主に生命維持に必要な機能を調整していると言われています。例えば、心臓が24時間３６５日休まず血液を送り出していたり、寝ている間も呼吸をしていたり、胃に食べ物が入ったら消化吸収してくれたり…。これらは意識しなくても勝手に働いているので当たり前のことのように感じますが、実は自律神経が自動的に調整してくれているのです。

自律神経には働きを促進する「交感神経」と働きを抑制する「副交感神経」があり、この２つの作用がバランスを取りながら自動的に生命維持に必要な機能をコントロールして

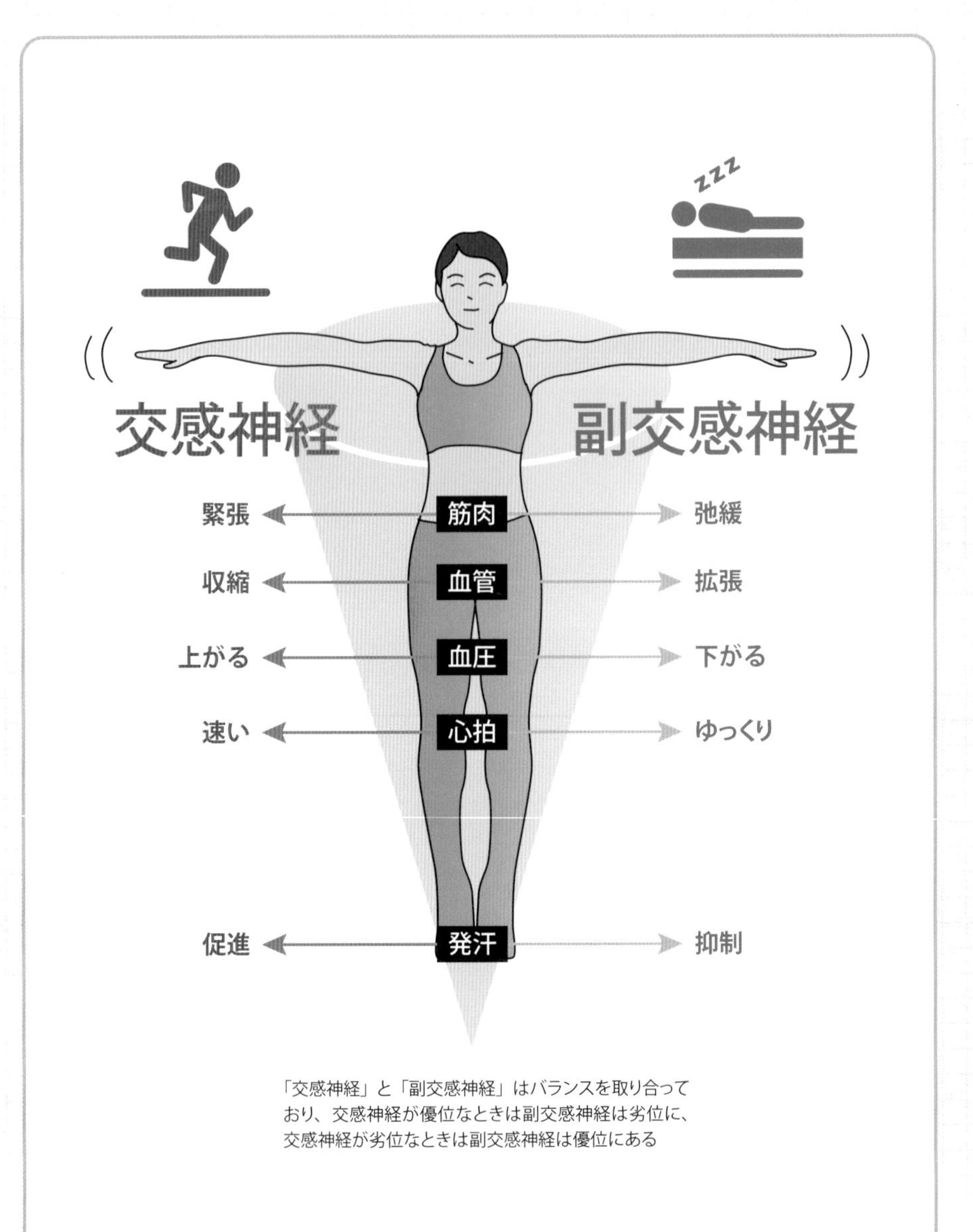

「交感神経」と「副交感神経」はバランスを取り合っており、交感神経が優位なときは副交感神経は劣位に、交感神経が劣位なときは副交感神経は優位にある

います。

交感神経が優位になると、筋肉は緊張します。副交感神経が優位になると、筋肉は弛緩します。ようするに「交感神経＝緊張、興奮」「副交感神経＝緩和、リラックス」ということですが、この2つの神経は綱引きやシーソーをするようにバランスを取り合っています。交感神経が優位なときは、副交感神経は劣位にあります。反対に、交感神経が劣位なときは、副交感神経は優位にあります。朝起きて、「これから活動するぞ！」というタイミングでは交感神経を優位にしたいものです。逆に、夜の就寝前などに興奮したりすると、眠れなくなってしまいます。体を休めたいときは副交感神経に働いてもらって、交感神経には大人しくしてもらうのが理想です。

ただし、そのバランスは、自分の意思では変えられません。緊張しっぱしで少しリラックスしたいときに、いくら「副交感神経がんばれ！」と念じても、それだけでは副交感神経は優位になりません。

交感神経

気分
➡緊張・興奮する

瞳孔
➡散大

心拍数
➡速くなる

胃腸
➡動きを抑制

副交感神経

気分
➡リラックス

瞳孔
➡縮小

心拍数
➡遅くなる

胃腸
➡動きを促進

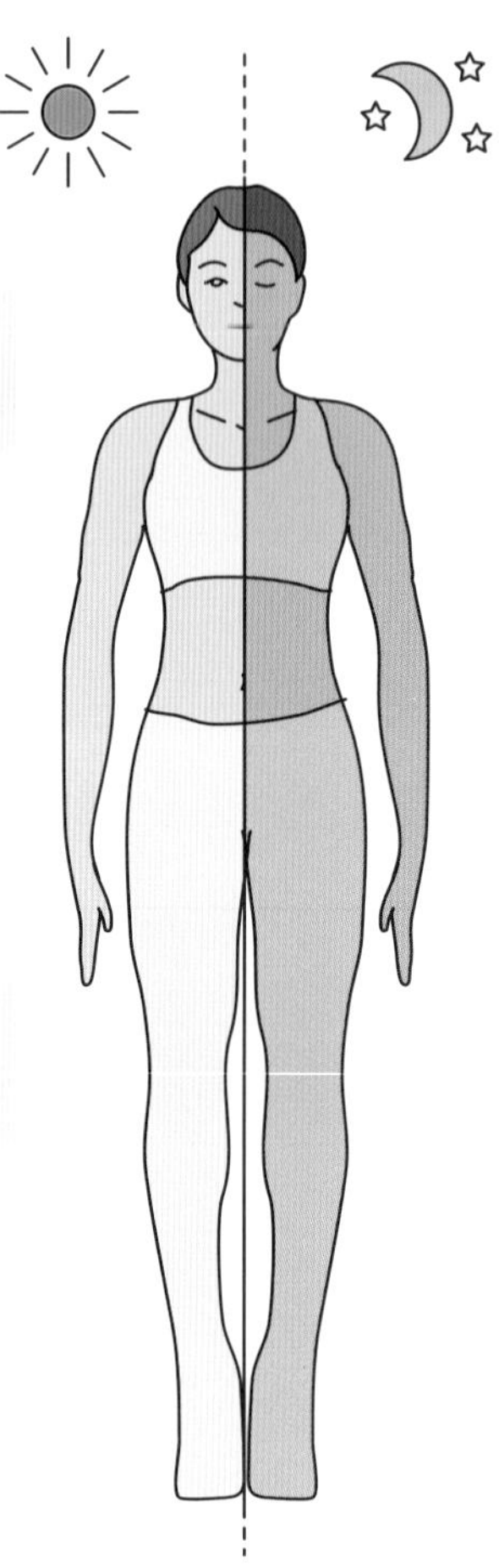

日中は交感神経を優位にしたいもの。就寝前などは副交感神経に
働いてもらって、交感神経には大人しくしてもらうのが理想

未病を引き起こす4つのストレス

「ストレス」というものを世界で初めて医学的に定義づけた学者に、ハンス・セリエという人がいます。彼が「ストレス学説」を発表したのは１９３０年代。彼が「ストレス」を定義づけるまでは、環境や恐怖、怒りなどが体にどのような影響を及ぼすのかは分かっていませんでした。今でこそ日常的に使われている言葉でありますが、その起点はハンス・セリエの研究にあります。

自律神経のバランスを乱す大きな要因となっているのが、この「ストレス」です。ひと言で「ストレス」といっても、そこには様々な種類のものがあり、まず代表的なのが「心理的ストレス」。これは学校や職場、家庭の人間関係などに起因する精神的なストレスが含まれます。一般的に「ストレス」と聞いて、多くの人が連想するのが、この心理的ストレスです。

そして「身体的ストレス」。これは体の歪み、姿勢不良などから生じるもので、長時間のパソコン作業、長時間のスマホ操作などがその一因です。また、寝不足や長時間の労働

アスリートの場合はハードな練習も身体的ストレスになる（©GettyImages）

も身体的ストレスを引き起こします。

　アスリートの場合、練習やハードな筋力トレーニングも身体的ストレスになります。私はこれまで多くのアスリートの体を診てきましたが、ほとんどの選手はオーバーワーク気味にあります。

　さらには、「食事によるストレス」。暴飲暴食、水分不足、糖分の過剰摂取、添加物や刺激物の摂取などなど…。「ストレス解消！」といって毎日のようにお菓子や甘いものを食べている人は、知らず知らずのうちに体がストレスにさらされているかもしれません。

　また、「環境によるストレス」もあります。例えば、９月ごろになると夏の暑さによる疲れが出てくることがあります。自宅の近くに線路があって、目を覚ますほどではないものの、朝5時ごろから音や振動が部屋に伝わってくる。これもストレスになります。

職場や家庭での人間関係をしっかりと整えて、適度な運動をして、摂取カロリーやＰＦＣバランスをちゃんと考えた食事をとって…、そういった生活を送っている人は、ストレスが少ない日々を過ごせているかもしれません。しかし、現実には、そんな人はほぼいないでしょう。現代人のほとんどは、毎日なんらかのストレスにさらされています。

なかでも「身体的ストレス」は比較的、自覚しやすいように思えます。長時間のパソコン作業やスマホの操作は、自分で気をつけることができます。ですが、これは大人になってからの話です。子どものころの怪我が要因で起きた体の歪み。これは自分でも覚えていないので、なかなか自覚できないものです。自覚がないので、治そうという発想も持てません。ずっと歪みっぱなしです。体の歪みは自覚がないからこそ怖い。そう言ってもいいかもしれません。

そうした数々のストレスが、自律神経のバランスを崩していきます。交感神経と副交感神経のバランスが崩れることによって起こる不快な症状の総称を「自律神経失調症」と言います。これは病名こそついていますが、病院で検査をしても内臓などの器官には何の異常も見つかりません。まさに「未病」の状態です。これをそのまま放置しておくと、どうなるか。そう、「病気」です。

高血圧、心臓病や更年期障害、また心の病ではうつ病など。ストレスが関与していると言われる病気には多くのものがあります。だからこそ、その前の「未病」の段階での対処が重要になるのですが、「病気」というものは検査をすると必ず何らかの数値に異常が現れます。しかし、「未病」は一切、検査では引っかかりません。西洋医学的には「病気」ではないのです。ここがやっかいなところです。

ストレス解消のためのドカ食いが、逆に体にストレスをかけることも

体験者インタビュー

File1

眠れるようになり、52歳にして ベンチプレス自己ベストを更新

柔道バイタルトレーナー／ベンチプレッサー

池澤孝泰

170kgを挙げられていたのが、100kgを挙上するのが困難に

私は46歳になったころ、膝の手術をしました。それ以降、首から右肩にかけて、筋トレしたときに乳酸が溜まりつらくなってくるような痛みが徐々に走るようになってきました。

夜も眠れないくらい、本当につらかったです。

同じ姿勢でいるときついので、1時間置きくらいに目が覚めてしまうんです。眠れたとしても2時間程度です。車を運転するにしても、真冬でも窓を開けて、ドアに腕を置かないと運転ができないような状態でした。痛みのせいで、呼吸も浅く速くなっている自覚もありました。

ネットで調べた接骨院、有名なマッサージ師、鍼治療など、様々なところをさまよいました。い

ろんな治療を試してみたものの、一時的にはよくなっても、改善には至りませんでした。整形外科にも行ったのですが、レントゲンを撮ってもらって「ストレートネック」だと言われ、首の牽引と、あとはロキソニンと湿布薬をもらって、それで終わりでした。そうした日常が、2年ほど続きました。

その間、ベンチプレスの練習は続けていました。練習をすると、アドレナリンが出るからか、一時的に痛みは和らぐんです。しかし、右腕に力が入らず、170kgを挙げられていたのが、ついにマックス100kgを挙げられなくなるところまで落ちたんです。これは私にとってものすごくショックな出来事でした。

そのころ、私はすでに40代後半です。何もしなければ体力が落ちていく年齢に差し掛かっていましたが、諦めたくはありませんでした。私には離婚歴があって、息子となかなか会えない状況にあります。息子が私の名前をネットで調べたときに、「ベンチプレス日本一」というのが出てきたら、励みになるんじゃないかと。そして、息子と再会を果たしたときには「お前も頑張れば日本一になれる。俺の子だから」と伝えたい。これが私にとっての大きなモチベーションになっています。

回復力が上がればトレーニングの頻度も強度も上げられる

なんとか回復しないものかと、試行錯誤を繰り返してきました。そして出会ったのが宮沢先生です。初めて施術を受けたときに痛みが3割くらい減って体温も上がり、その日は帰りの電車の中で寝入ってしまい、危うく寝過ごしてしまうところでした。ちなみに、これまで施術後帰りの電車の中で寝過ごしてしまったことは何度もあります。

また、歩き出して一歩目の足の裏の体重の乗り

方が違いました。ちゃんと体重が乗って歩けているという感覚があり、これには驚きました。

そして3回目くらいの施術のときに痛みが半分ほどにまで少なくなり、夜も気がついたら朝になっているくらい、よく眠れるようになりました。10回目の施術で痛みはほぼ気にならなくなり、その2カ月間ほどで全く生活が変わりました。今でもメンテナンスとして、宮沢先生のところには通っています。

眠れるようになると、精神的にも安定してきます。すると回復面も顕著に変わってきて、だんだんとトレーニングのパフォーマンスも上がっていきました。

一時は100kgを挙げられなかったのが、治療を受けるようになって2年で160kgまで回復して東京都ベンチプレス大会で優勝することができました。さらにその2年後には東京都ベンチプレス大会で175kgを挙げて、52歳になって自己ベストを更新できました。全国大会でも3位になり、初めて全国区のメダルを手にすることもできました。今はマスターズ日本一と日本記録を目指せるところまで回復してきました。52歳にして、過去最高に強くなっています。

これはメンテナンスなくしては、得られなかったことだと思います。強くなるために何が一番大事か。今回の自分の体験で実感したのは、次のトレーニングまでにいかに体を回復させるかということです。この回復力を上げることに、今は一番力を入れています。回復力が上がればトレーニングの頻度も上げられますし、強度も上げられます。

そして、メンテナンスをしてよく眠れた次の日は、いいパフォーマンスが発揮できます。メンテナンスは、私にとっては日々の歯磨きのようなものです。しっかりと継続していくことで、これからも強くなり続けることができると思っています。

Profile

池澤孝泰　いけざわ・たかやす

1970年７月10日、東京都北区出身。国際武道大学体育学科・武道学部卒業。柔道部柔道バイタルトレーナーとして、柔道競技力強化に特化したトレーニング指導、メンタル強化、栄養、睡眠、メンテナンス、リカバリー等々を指導。指導実績としては、足立学園中学・高等学校、早稲田実業高校、長崎南山高校など。全中優勝者３名、インターハイ優勝者３名など上位入賞者多数。卒業生では、全日本学生優勝者２名、講道館杯優勝、全日本体重別３位などの結果多数あり。
ベンチプレッサーとしては2020、2021年春季・秋季東京都ベンチプレス大会M２・93kg級優勝、４連覇。2022年1月ジャパンクラッシックベンチプレス大会３位。2022年６月春季東京都ベンチプレス大会にてM２東京都記録更新、175Kgの新記録樹立。その他優勝、上位入賞多数。

第3章

アスリートが
優先すべき「睡眠」

「自律神経」と「不眠」

厚生労働省の発表によると、一般成人の30から40％の人が不眠の症状を持っていると言われています。その症状には、「なかなか寝つけない」「夜中に目が覚める」「眠りが浅い」「朝早くに目が覚めてしまう」などがあり、不眠〝症〟とまではいかなくても、大事な試合前や試験の前、考え事があるときなど「寝つきが悪い日」を経験したことがある人はかなりの数にのぼると思われます。

そして、厚生労働省が「主な不眠の原因」として挙げているのが「ストレス」「体の病気」「心の病気」「薬や刺激物」「生活リズムの乱れ」「環境」などです。ここで挙げられている「体の病気」には、高血圧や心臓病なども含まれています。また、「心の病気」にはうつ病などがあります。どちらも、自律神経のバランスの乱れが引き起こす可能性がある病気です。こうやってみると、「未病」の段階で防ぐことがいかに大事か分かります。しかしながら、西洋医学で怪我や病気を治す手段は、薬の投与か手術です。睡眠を改善する場合は、睡眠薬の投与になります。

〈 睡眠障害の種類 〉

入眠障害

- 夜なかなか寝つけない
- 寝つくまで 30 分から 1 時間以上かかる

中途覚醒

- 夜中に何度も目が覚めてしまう
- その後、なかなか眠れない

熟眠障害

- 眠ったはずなのに、眠った満足感がない

早期覚醒

- 朝早く目が覚めてしまう
- 普段より 2 時間以上前に覚醒する

コロナ禍で見た体調不良。その原因は「よく眠れない」

新型コロナという新たな敵の襲来に世界中が翻弄された2020年。私の院には「自粛期間中に体調を崩した」という方が多く訪れました。この年の4月、5月の約2カ月間、日本では緊急事態宣言が発令されて、私たちの行動は制限されました。その間は練習場やトレーニングジムも閉館となり、アスリートの人たちも思うように体を動かすことができませんでした。

そうした中、来院者で多かったのが「よく眠れない」という方でした。自粛期間中に様々なストレスにさらされて、自律神経のバランスが崩れたのがその原因かもしれません。

そうした眠れない人たちの特徴として挙げられるのが、首がガチガチになっていること。コロナ前と比較すると、首と肩が異常に緊張している人がかなり増えました。また、テレワークが中心になったことで座り仕事が増え、反対に通勤をしなくなったので歩く時間は

毎年、病院に行く理由のトップに上がる「肩凝り」。
もはや国民病と言っていいかもしれない

減りました。そのため、腰痛になったという人も多くなりました。

体に不調を感じて病院に行った人を「有訴者」といい、厚生労働省では統計を取ってそのデータを公表しています。ようするに、なぜ病院に行ったのか、その原因の統計を取っているのですが、それによると男女ともに「腰痛」と「肩凝り」が１位、２位を独占しています。毎年のように、男性の１位は「腰痛」、２位が「肩凝り」、女性では１位が「肩凝り」、２位が「腰痛」になっています。病気になって病院に行くのではありません。「肩が凝る」「腰が痛い」というのが理由で病院に行くのです。病名こそありませんが、これはもはや国民病と言っていいでしょう。肩凝りや腰痛になって、よく眠れるわけがありません。その痛みは筋肉を緊張させ、血行が悪くなり、それがまた痛みを生じさせ、さらに筋肉が緊張し…。悪循環の始まりです。

痛みを取るために対症療法をしたとしても、それはあくまで非常ベルを止めるための作業。根本的な解決には至らないのです。

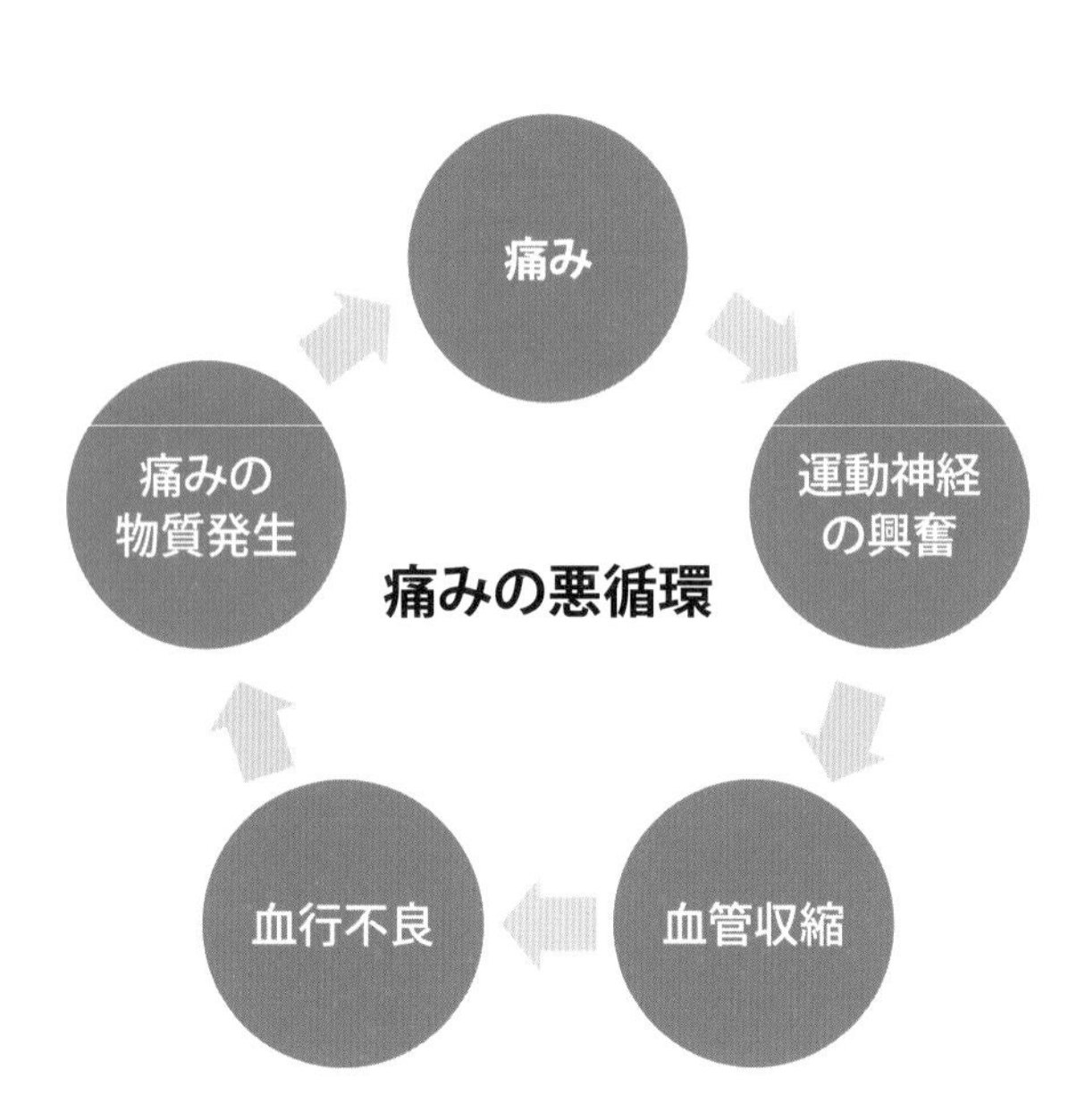

痛みの発生のイメージ。痛みが血行不良を生じさせ、
それがまた新たな痛みの引き金になる

「脳」を休ませる唯一の方法とは

先述の通り、ストレスは「脳」で感じます。ストレスが溜まると、まずは脳が疲れてきます。脳が疲れると交感神経が緊張して筋肉がガチガチになり、体が疲れていきます。その体の疲れがまたストレスにつながり、さらに脳が疲れていきます。

体の疲れは、お風呂に浸かっても取れます。しかし、しっかりと睡眠を取らないことには脳の疲れは取れませ

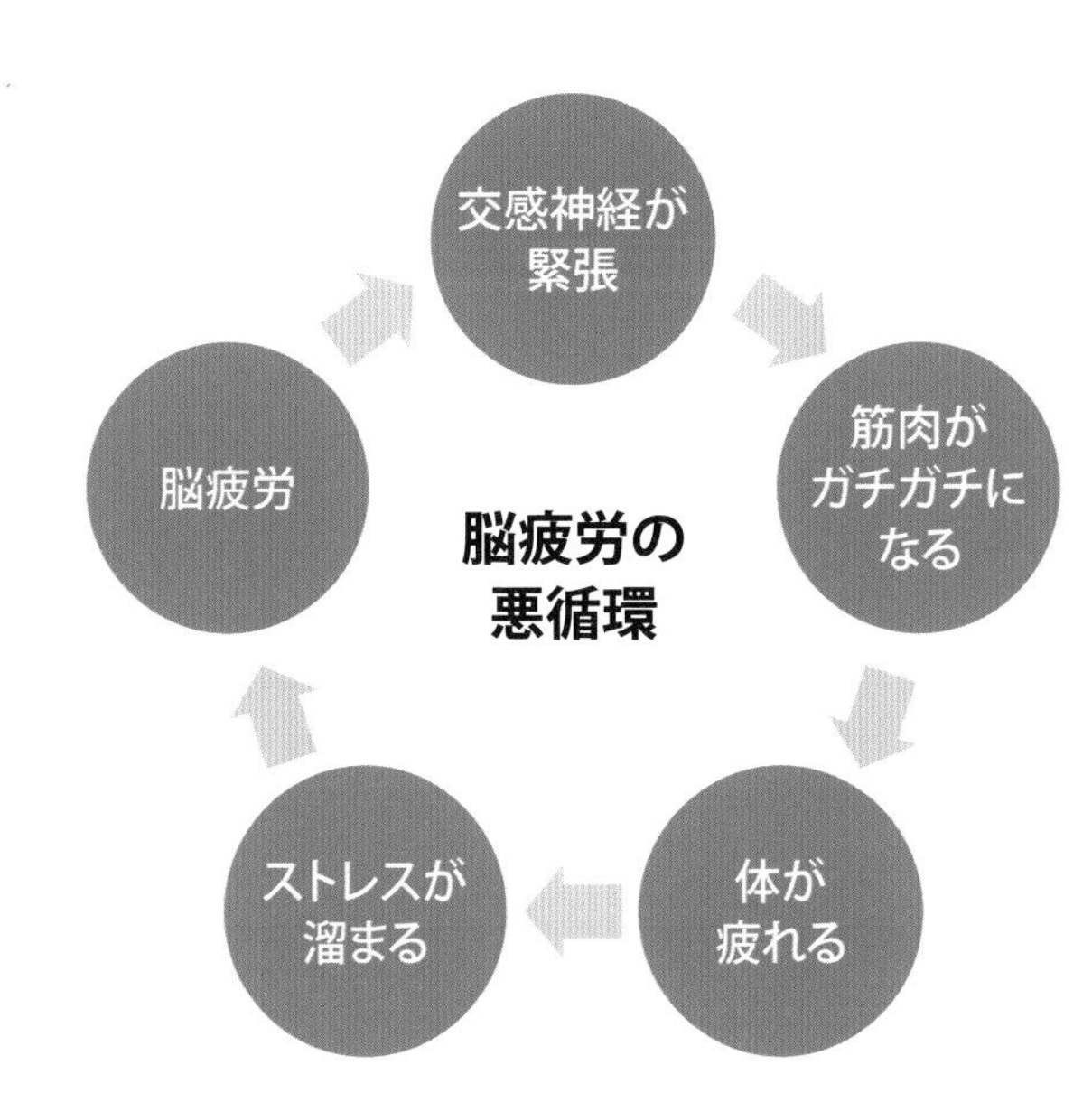

「疲れ」と「脳疲労」が生む悪循環。
どこかで断ち切る必要がある

ん。お風呂に入ったり、ストレッチをしたりするだけでは脳は疲れたままです。そこでは、体の疲労対策とは違ったアプローチが必要になります。

スポーツやトレーニングをしている人は、異口同音に『トレーニング』『栄養』『休息』が重要」「その3つのどれか一つが欠けてもダメ」と言います。ところが、実際に見過ごされがちなのが「休養」です。この3つの中で、どれか一つを捨てざるをえない状況になったとします。そこで、ほとんどの人は「休養」を選ぶと思います。「トレーニング」「栄養」を捨てるのは勇気がいるものです。だから、どうしても「休養」を後回しにしてしまいがちです。

トレーニングと栄養摂取はしっかりとできていても、休養に対する意識はあまり高くない人が多いように見受けられます。また、普段から熟睡できていない人は、その「熟睡できていない」ことにも、なかなか気づけません。

脳の疲労対策。これは「睡眠」が最善の手段になります。脳が疲れたままでは、体の疲れも取れません。睡眠の質を向上させることで、トレーニングも栄養の吸収も、うまく回っていくのです。「休養」にもいろんなアプローチがありますが、体を酷使するアスリートが最も重視しなければならないのが「睡眠」です。

睡眠には「ノンレム睡眠」と「レム睡眠」の２つの状態があり、それが約90分のサイクルで繰り返されるということは広く知られています。深いノンレム睡眠を「徐波睡眠」と呼び、そこでは成長ホルモンが分泌されます。成長ホルモンの分泌は徐波睡眠後30分で最大となります。成長ホルモンは子どもでは成長を促し、大人では日中の心身の疲れ、ストレスを解放、組織を修復、老化の進行を抑制します。

入眠直後には深いノンレム睡眠の状態

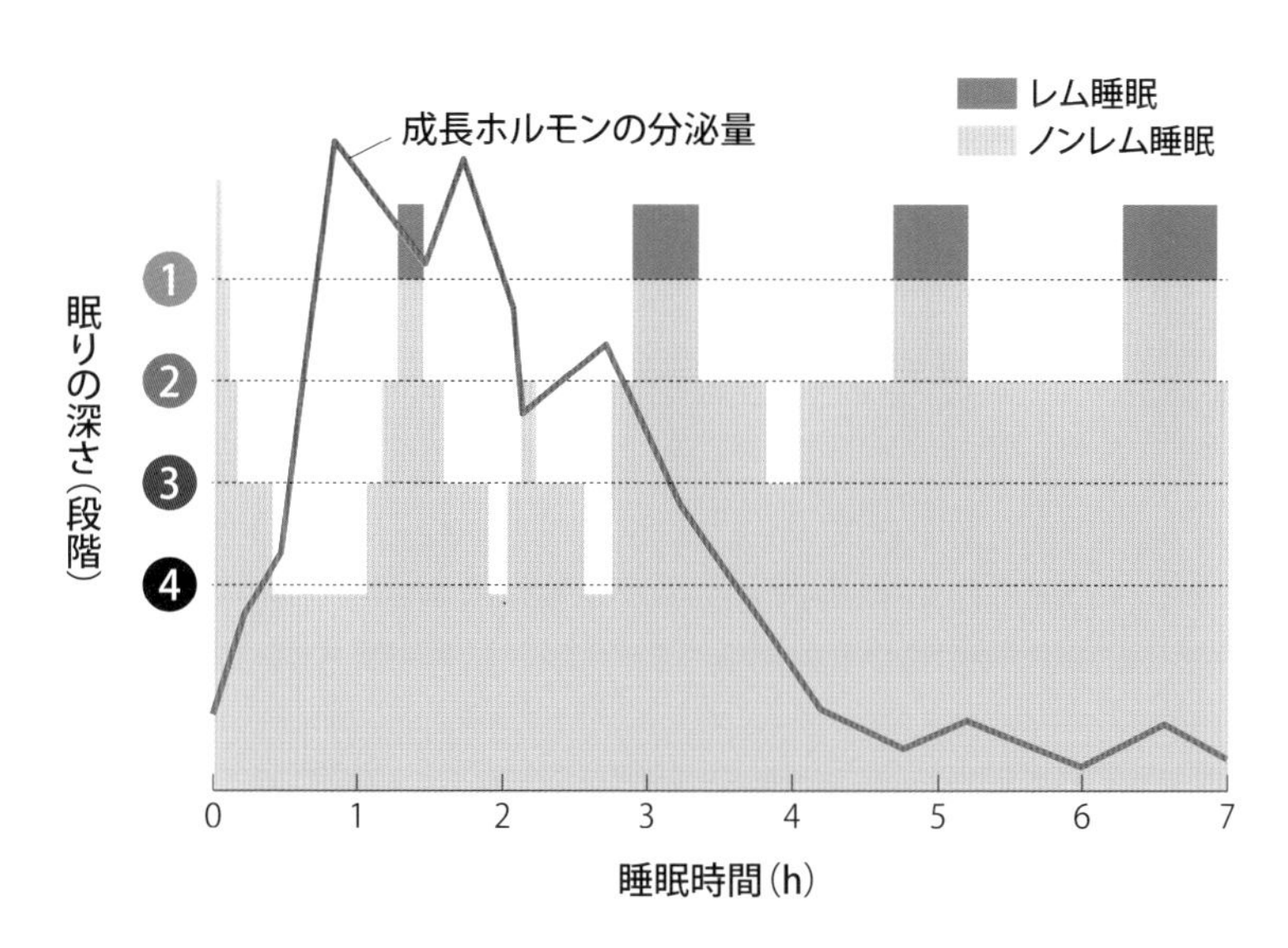

NATIONAL GEOGRAPHIC 日本版掲載「健やかな睡眠のカギを握る『メジャースリープ』とは」（国立精神・神経医療研究センター・三島和夫）より引用

になり、このときの脳波はゆったりとした波形のデルタ波が現れることが多くの実験で明らかになっています。つまり、熟睡したときに現れる脳波がデルタ波なのですが、肩凝りなどの緊張がある場合、眠りが浅くなりデルタ波がリズムよく現れません。ようするに、熟睡できていないということです。これも自分ではなかなか気づけないもので、私の治療院にくる方にも、寝ているようでも熟睡できていない人が非常に多いというのが実情です。

寝ている間も筋肉は緊張している

トレーニングを行っている人ならば、「コルチゾール」というホルモンを聞いたことがあると思います。体がストレスにさらされて、それを有害だと判断した場合、ストレスから体を守るために副腎皮質からホルモンが分泌されます。それらは「ストレスホルモン」と呼ばれており、その代表的なものがコルチゾールです。トレーニング愛好家の間では、筋肉の分解を促進させるということで嫌われているコルチゾールですが、これは体の働きを整えるためには必要不可欠なホルモンです。

このように、体には「ストレスを感じる→ストレスホルモンが分泌される」といった調整機能が備わっています。ところが、慢性的にコルチゾールが分泌される状態になると、その調整機能が効かなくなります。

ストレスを感じるのは「脳」です。コルチゾールは、脳の視床下部→脳下垂体→副腎皮質、という経路をたどって分泌されます。頻繁にコルチゾールが分泌される状況が続くと、脳にとってはそれが当たり前のことになります。結果、慢性的にコルチゾールが分泌され続け、うつ病や不眠、生活習慣病などを招く恐れがあります。

また、一般にもよく知られているストレスホルモンに「アドレナリン」があります。これは感情が高ぶったときなどに副腎皮質から分泌され、「怒りのホルモン」とも呼ばれています。

アドレナリンは交感神経を刺激します。交感神経が刺激されると、筋肉は緊張します。交感神経が刺激されたままでは、寝ている間もその緊張は取れません。

そのため、眠れないという人の体を診ると、みんなガチガチです。私ももう何年も来院者さんたちの体を診続けているので、筋肉がガチガチに固まっている人とお餅のように柔

筋肉が緊張したままでは、ベッドで横になったとしてもガチガチのままになっている

らかい人の違いは、すぐに分かります。ですが、ガチガチになっている人は、そのガチガチの状態が当たり前になっているので、その事実になかなか気づきづらいのです。自分で自分の体の状態をチェックするのは、意外と難しいものなのです。

筋肉が緊張していたら、たとえベッドに横になっても、筋肉はガチガチのままになっています。だから、寝ているようで実は疲れが取れていないという方が非常に多いのです。それでは、疲労は溜まっていく一方になります。

第4章

眠れない
アスリートたち

アスリートとストレートネック

私の治療院に来院するアスリートに多く見られる兆候に、「首から背中にかけての筋肉がガチガチになっている」というのがあります。アスリートの人は、トレーニングや練習のあとにはストレッチングなどはされていると思います。それでも、ガチガチなのです。

本質的な話をすれば、子どものころにジャングルジムから落ちたとか、誰かとぶつかったとか、そうした際に歪みが発生して、筋肉の緊張につながっていきます。小学校や中学校のころに、スポーツの練習や試合などで相手と激突したり、突き飛ばされたり。そこで生じた歪みは、自然には治っていきません。

大人になってスポーツを続けると、さらにハードな練習やトレーニングを実施すると思います。みなさん首から背中にかけてガチガチで、これはコンタクトスポーツの選手に顕著に見られます。

人の体には「生理的弯曲」というものがあります。頚椎は前弯、胸椎は後弯、腰椎は前弯のカーブを描いています。これが立位で生活する人間にとって自然な骨格の状態です。

激しい練習などで肉体を酷使するアスリート。多くの人が首から背中にかけてガチガチの状態にある（©GettyImages）

そして、そのそれぞれはバラバラに動くわけではありません。頚椎、胸椎、腰椎はつながっています。例えば頚椎の前弯カーブが崩れると、それは背骨全体に影響を及ぼします。

カイロプラクティックで「ミリタリーネック」と呼ばれるものがあります。これはハードなトレーニングを積む軍人に多くみられる首の症状を表したもので、いわゆる「ストレートネック」と同意語です。

あらゆる競技にウエイトトレーニングはつきものです。ベンチプレスやスクワットは様々な競技のアスリートに

ベンチプレスではバーベルを挙上する際、体を支えている下部頸椎に上肢からの介達外力が加わる（©GettyImages）

も人気のある種目なので、何かしら競技をしている選手なら一度はやったことがあるのではないでしょうか？

ベンチプレスの場合、ベンチ台に仰向けになり、両腕で重量を持ち上げる際に、体を支えている下部頸椎に上肢からの介達外力（打撃や圧迫などの外力が加わった部位から離れた部位に体内組織を通じて外力が伝わること）が加わります。

スクワットの場合は、足腰の筋肉を強化しているにも関わらず、重い重量がついたバーを背中に担ぐことによって、首にも相当なストレスがかかります。そして、日々の仕事やトレーニングによって首へのストレスは蓄積していき、筋肉が絶えずストレスを受け続けます。緊張した状態が長期間続いてしまうことで頚椎の前弯カーブが消失し、背中が丸まった猫背のような姿勢で固まってしまいます。

筋肉が緊張していると交感神経の緊張状態が続くことになり、血行も滞りやすく、酸素や栄養を充分に送れない状態になります。寝ている間も筋肉の緊張は解消されず、慢性的な肩凝りにより「疲れが取れない」「よく眠れない」といった原因不明の体調不良が続くことになります。

アスリートがトレーニングをする際のベンチプレスやスクワットで首に負担がかかっていることは、一般的にはあまり知られていません。ベンチプレスなら大胸筋や上腕三頭筋、スクワットなら大殿筋や大腿四頭筋に負荷がかかると考えられていますが、これは対象となる筋肉のみへの負荷を筋電図などで測定した研究の結果であり、骨格や頚椎への負荷に対する研究ではありません。

さらに、練習中に相手とぶつかるコンタクトスポーツでは、倒れながら地面に両手をつくと、上肢からの介達外力により下部頚椎に負担がかかります。もはやアスリートにとって、首への衝撃は避けようがないと言ってもいいかもしれません。

相手と激しくぶつかり合うコンタクトスポーツでは、手をつきながら地面に倒れる局面も（©GettyImages）

トレーニングや練習などにより頚椎へのストレスが蓄積されていきストレートネックや猫背のように背中が丸くなっていくと、さらに首の筋肉の緊張も増していきます。筋肉が緊張しているということは、交感神経が優位になっている状態です。起きている活動時は交感神経が優位になり、安静にしているときや睡眠時には副交感神経が優位に働いています。ですが、頚椎へのストレスの蓄積や首の筋肉の緊張状態は、副交感神経が優位とされている睡眠中も解消されることがありません。睡眠の質の低下を招き、慢性的に熟睡する環境を邪魔してしまうのです。

では、具体的に首のどこがガチガチなのか

首のどこが緊張しているのかというと、主に胸鎖乳突筋、僧帽筋、菱形筋、そして後頭下筋群（大後頭直筋、小後頭直筋、上頭斜筋、下頭斜筋）、肩甲挙筋です。これらの筋肉は、大体みなさんガチガチになっています。

この中で、自分で意識しやすいのは僧帽筋ではないでしょうか。「肩凝り」する部分ですね。しかし、ここは手で触ることができるものの、自分で触ろうとすると緊張して固まってしまいがちです。ま

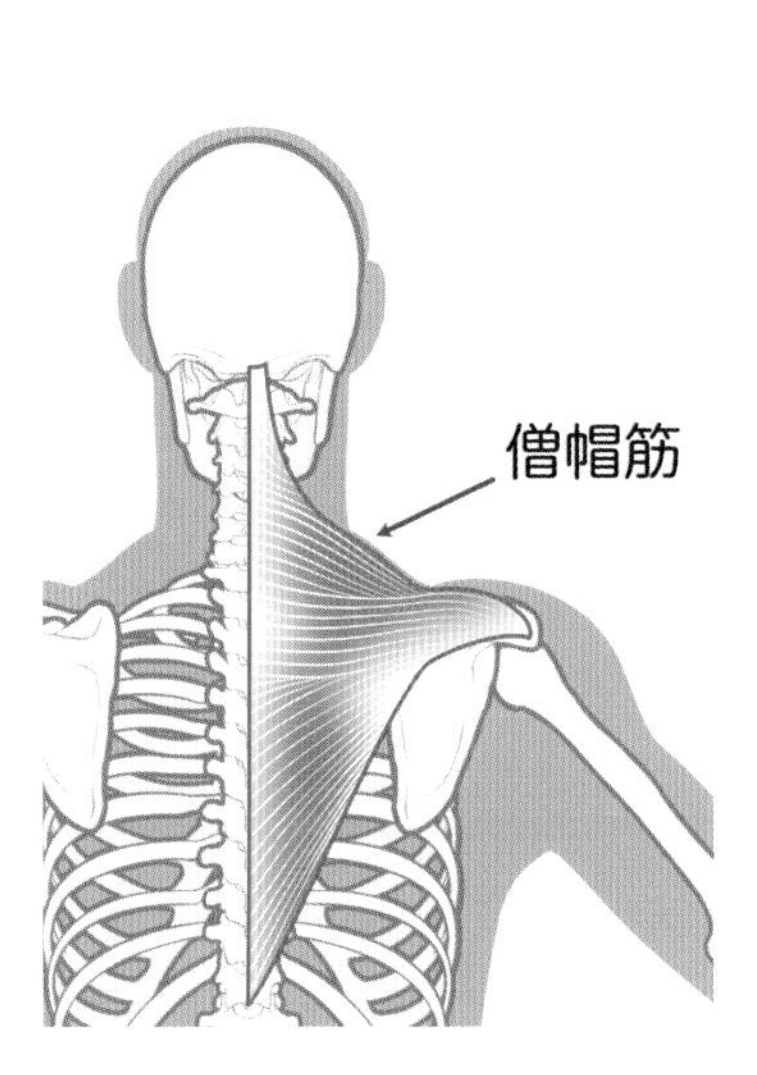

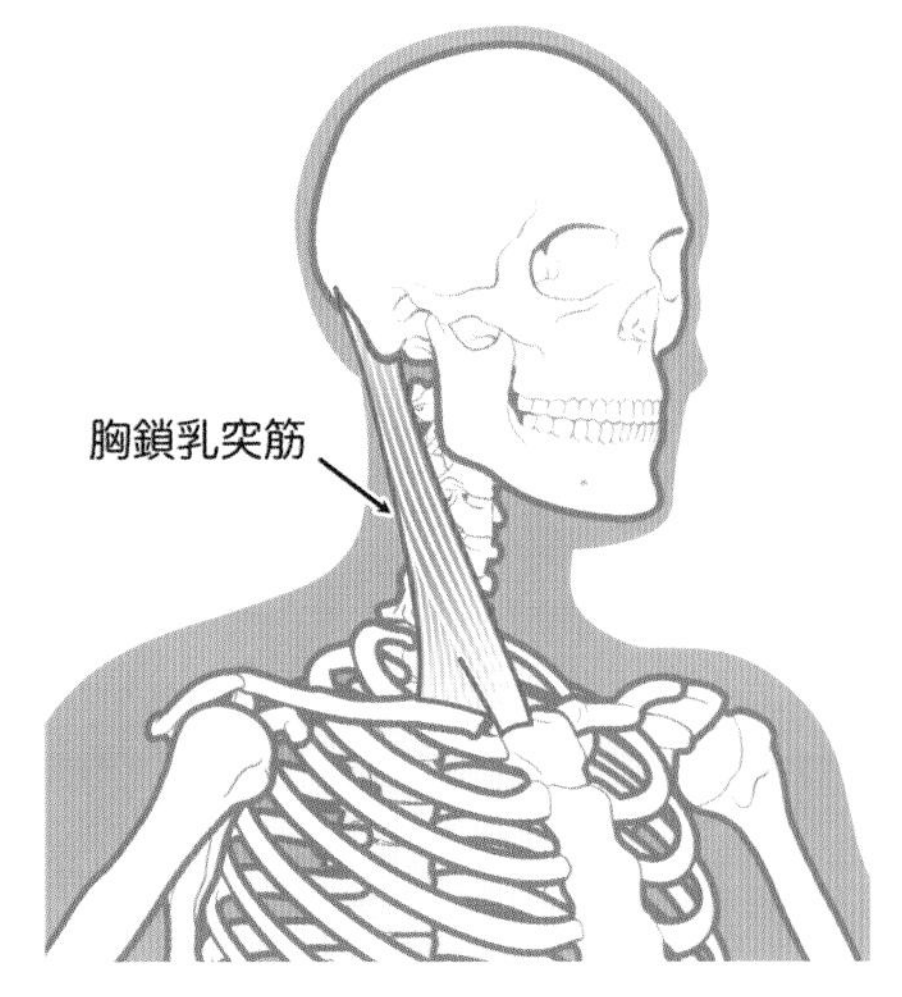

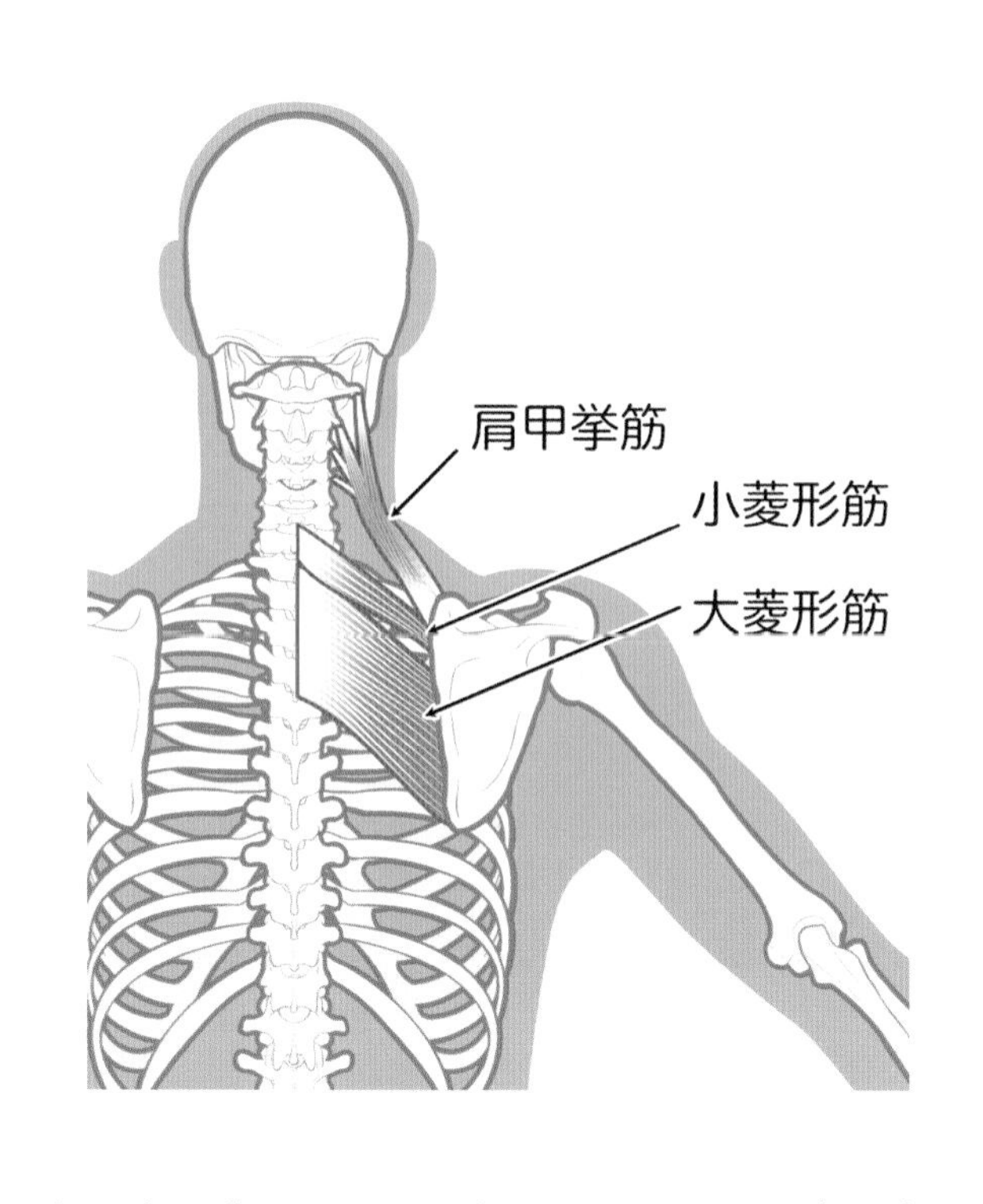

た、菱形筋、後頭下筋群、肩甲挙筋は自分では触りにくい部位になります。胸鎖乳突筋は触れられますが、凝っているかどうかは自分で把握するのは難しいものがあります。

私が一つの目安としているのは、斜角筋（64ページ図）です。施術の際には、斜角筋の硬さをチェックします。ストレートネックになるなど頸椎の弯曲が崩れると、首は筋肉でバランスを取ろうとします。その際に、バランスを取るためにたえず緊張した状態にあるのが斜角筋です。

斜角筋は異常が現れやすい筋肉でも

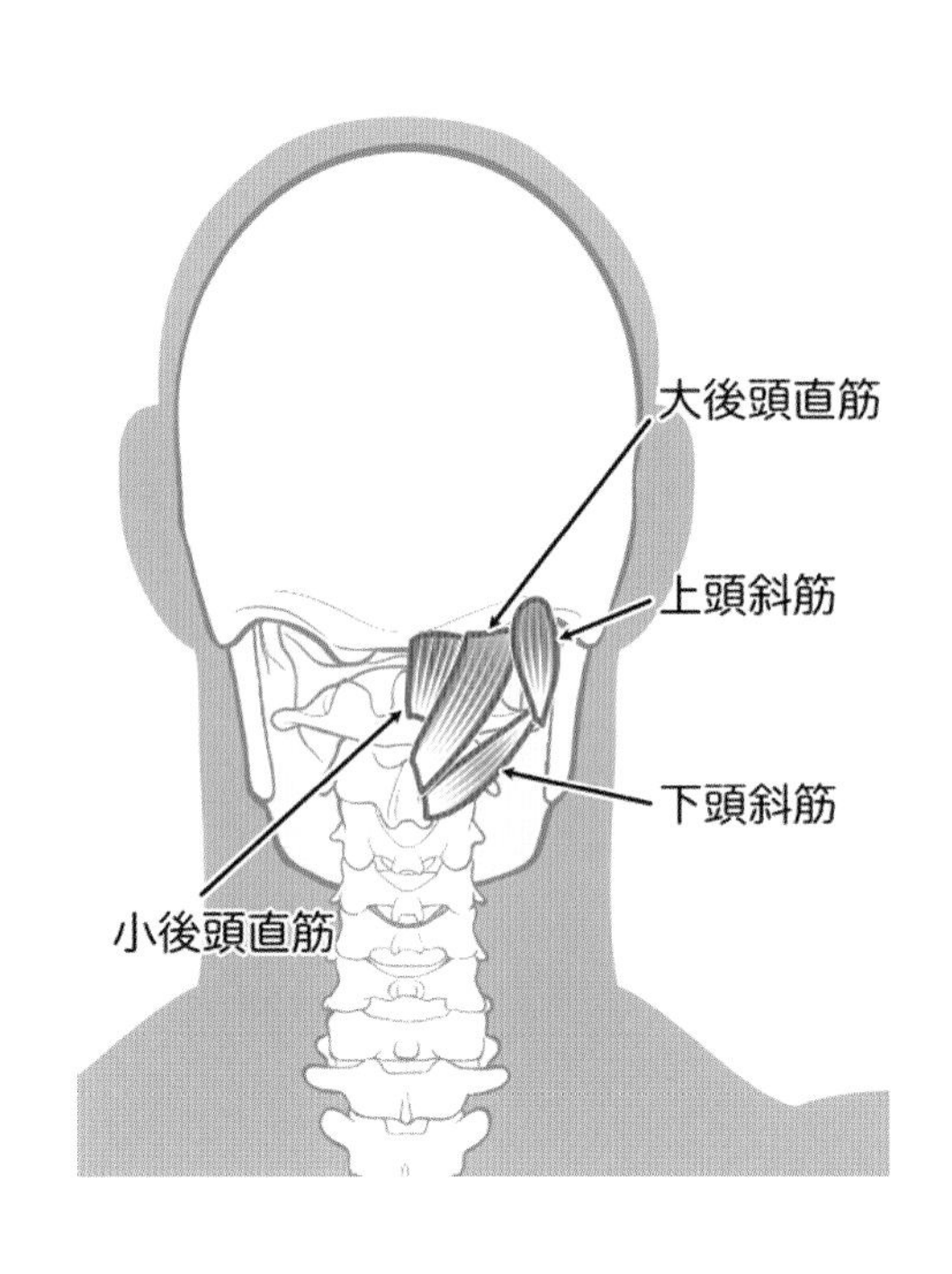

あり、ここが緊張することで生じる「斜角筋症候群」というものがあります。症状としては手がしびれたり、腕が重く感じられたりといったものがあるのですが、右手がしびれている場合は、右の斜角筋の過緊張が関与している場合が多いのです。

　どの競技のアスリートもそうですが、斜角筋を触ると、ほとんどの人がガチガチです。ただ、これは一般の方には分かりづらいと思います。まず、「斜角筋」と言われても、体のどこにある筋肉なのか。仮にその場所を知っていたとしても、自分で触るのは難し

〈 斜角筋の硬さのチェック 〉

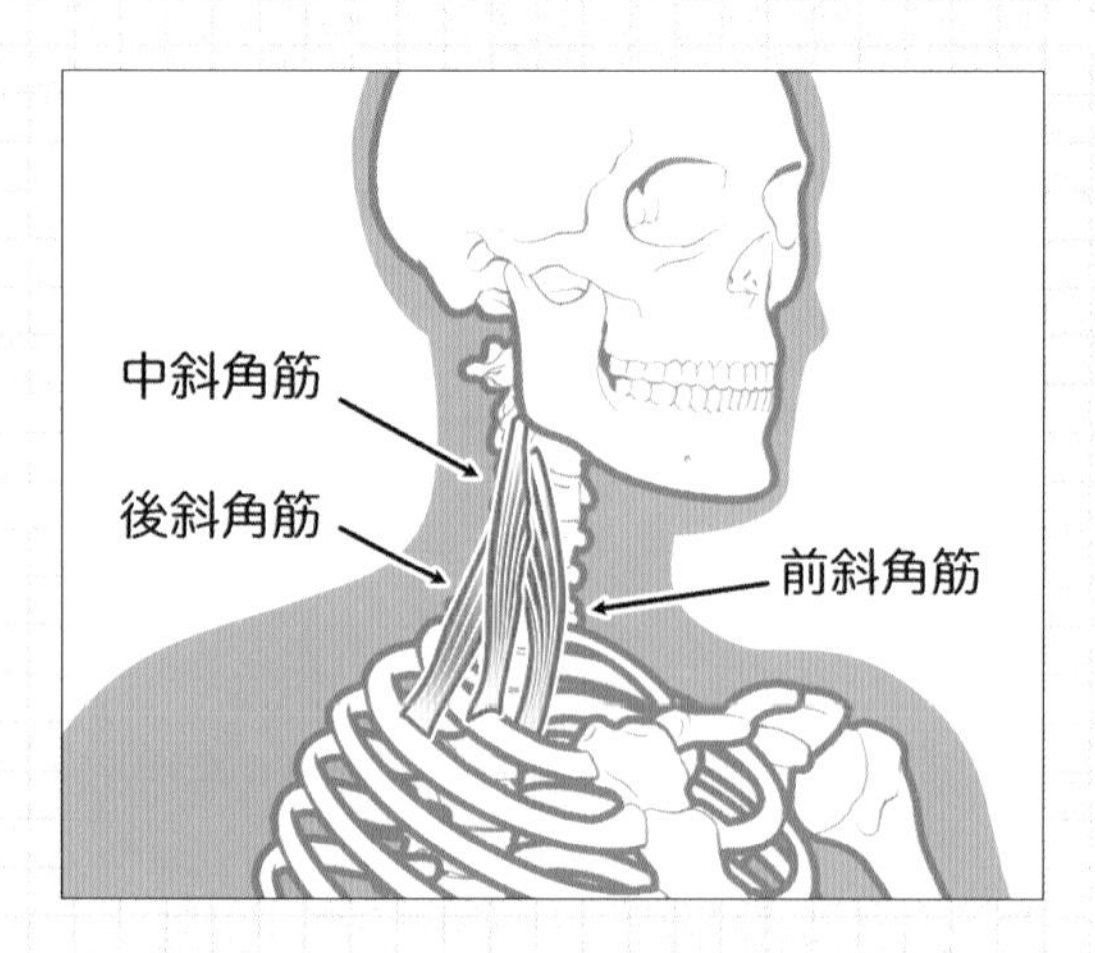

施術の前に実施している斜角筋の硬さのチェック。
自分で触ろうとすると緊張で硬くなるのでセルフチェックは難しい

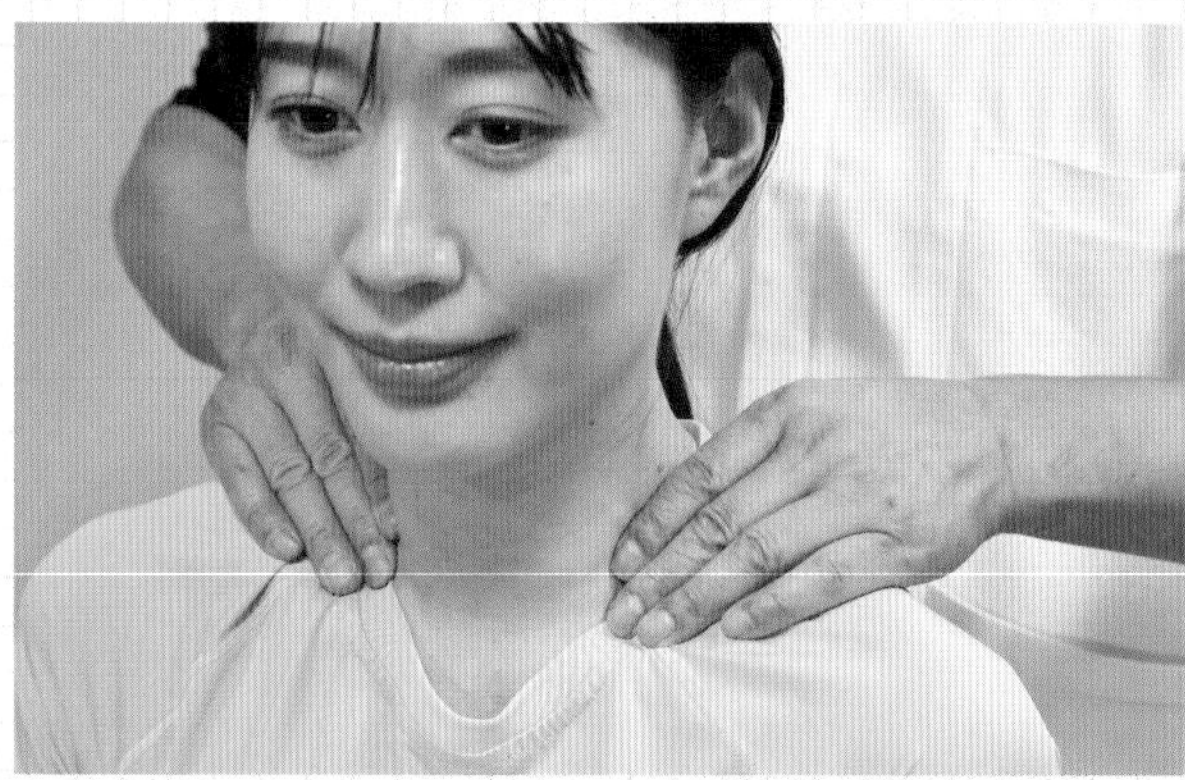

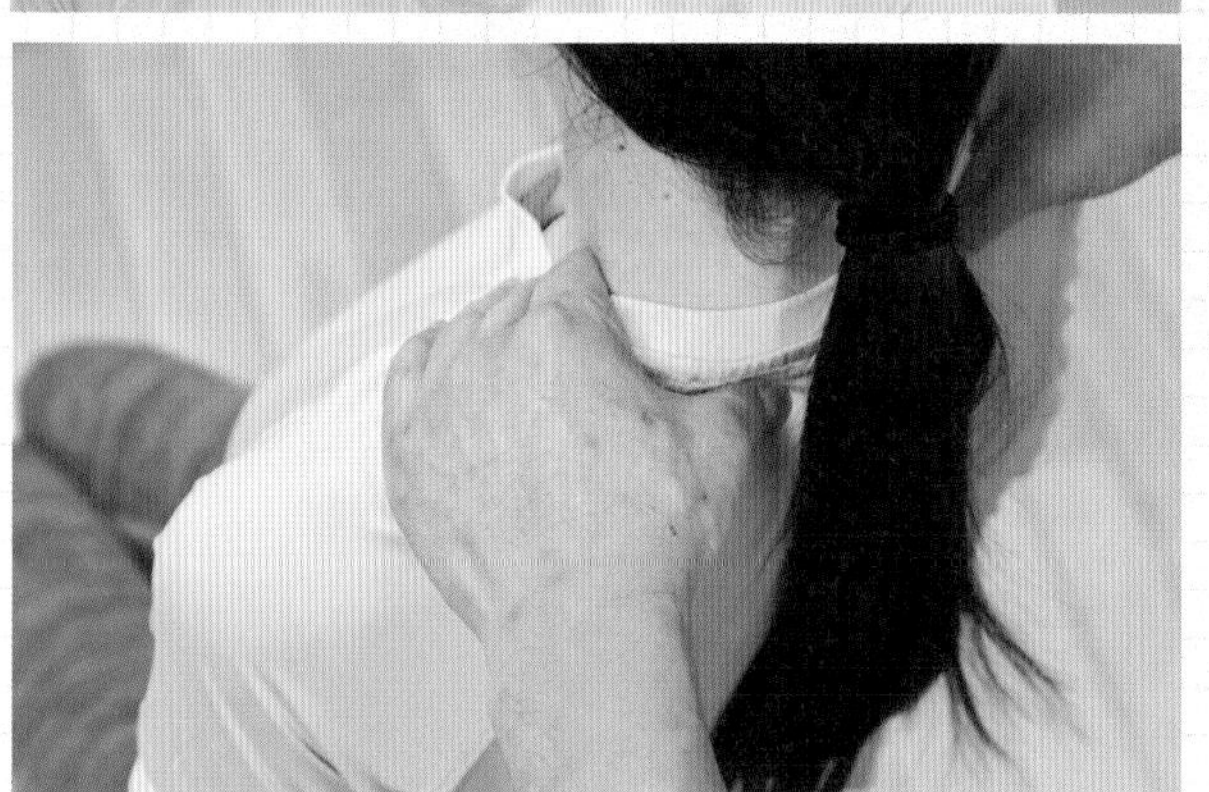

いです。

セルフチェックをするのならば、一つは肩甲挙筋の付け根（停止部）の部分です。これは肩甲骨の上角に付着しているので分かりやすいです（66ページ図）。もう一つは東洋医学でいうツボの「肩井（けんせい）」という場所になります。筋肉が緊張している人は、肩井の部分がゴリゴリしています。なかには、押すと強い痛みが走る人もいます。ここを押してみて硬いか、柔らかいか。それは自分の筋肉の緊張具合を判断する上での、一つの材料になるでしょう。

しかしながら、これらの筋肉はセルフのストレッチングでは、どれも伸ばしづらいです。また、たとえ伸ばせたとしても、血行がよくなって一時的に改善されたような感覚は得られますが、それでは根本的な解決には至っていません。

筋肉が緊張状態にあると、それが痛みの原因になり、痛みが慢性化すると、それがストレスを生み、さらに筋肉が緊張し…。この悪循環を早く断ち切らなくてはいけません。

〈 肩甲挙筋の付け根とは 〉

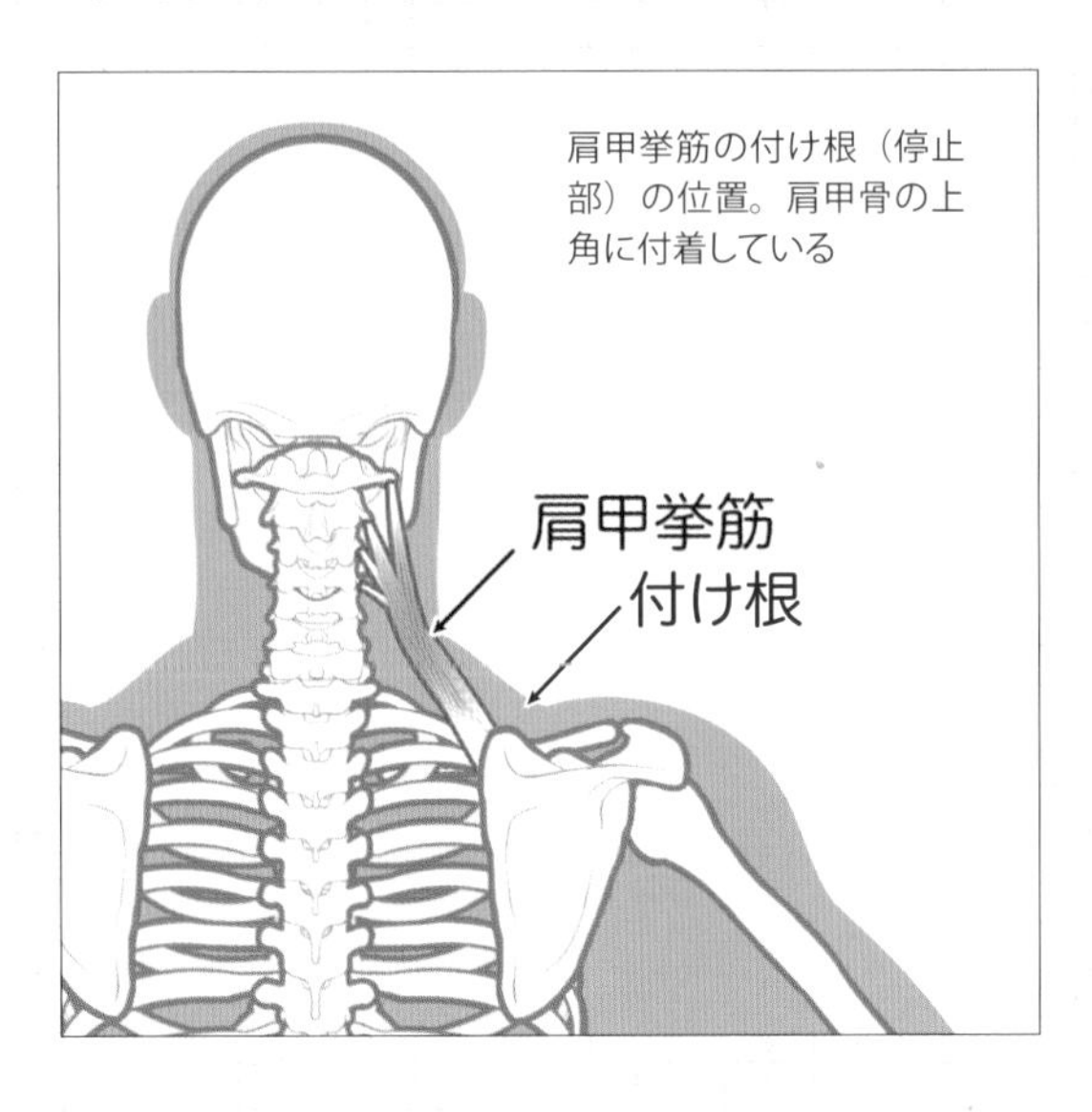

肩甲挙筋の付け根（停止部）の位置。肩甲骨の上角に付着している

〈 肩井(けんせい)を押す 〉

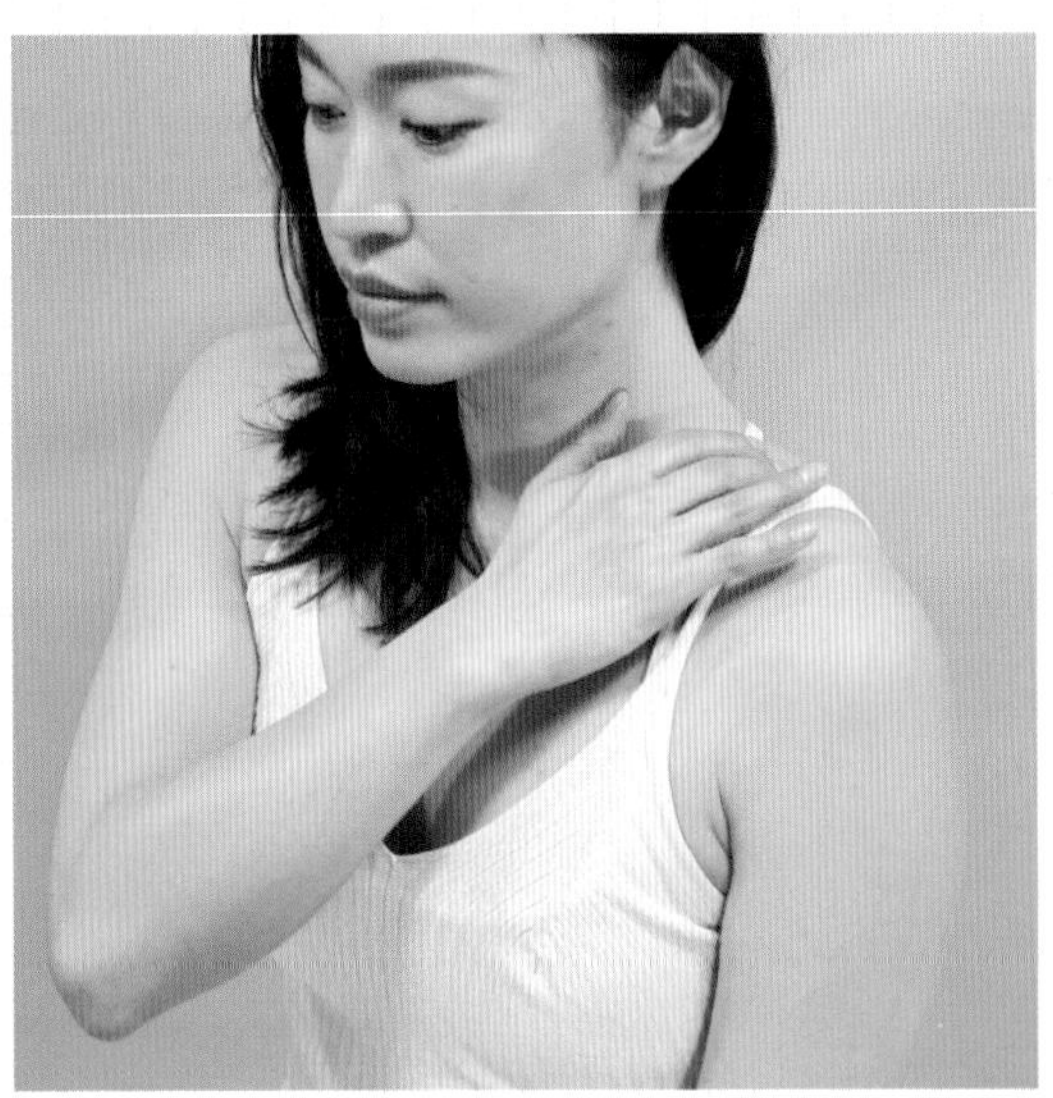

肩井を押したときの硬さが自分の筋肉の緊張具合の一つの判断材料になる

〈 肩井（けんせい）の探し方 〉

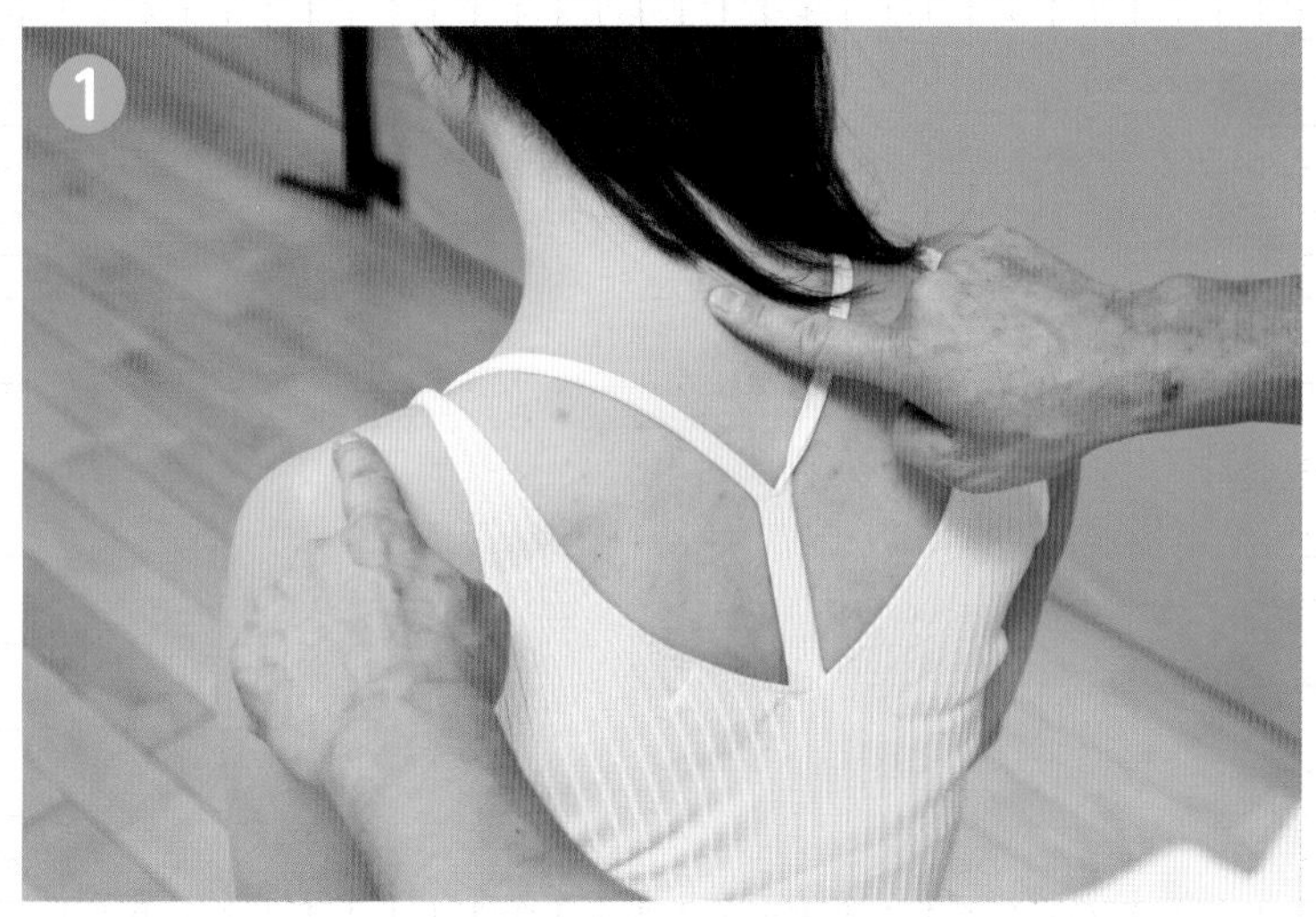

まずは、第７頚椎（首の後ろの盛り上がった骨）と、肩峰（肩の先）の位置を確認する

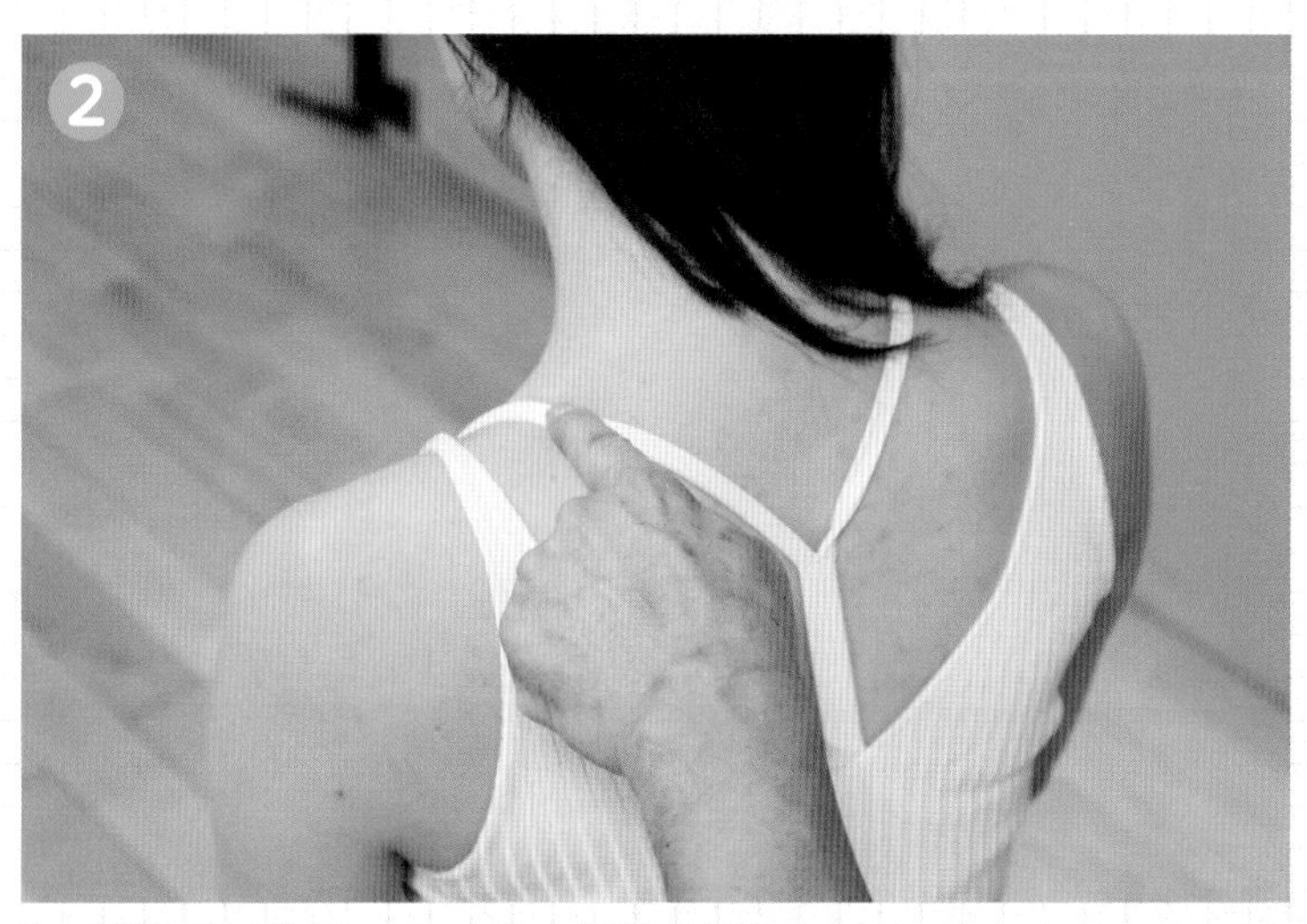

第７頚椎と肩峰を結ぶラインの中間に「肩井」はある

頚椎と自律神経

慢性的な筋肉の緊張を解くのに最も重要なのは、自律神経へのアプローチです。副交感神経の働きには様々なものがありますが、その中の一つに筋肉の弛緩があります。自律神経のバランスが崩れて「交感神経∨副交感神経」といった状態が続くと、筋肉は緊張しっぱなしになります。

根本的に筋肉の緊張を解くには副交感神経に働いてもらわなければいけません。しかしながら、これは見落とされがちな部分でもあります。肩や首が凝っているからといって「自律神経のバランスを整えよう」と思う人は、ごく少数派だと思います。

副交感神経が働かないことには、筋肉は緩みません。いつまでもガチガチのままです。副交感神経を優位にするのにプラスしてストレッチングやマッサージなどで物理的に筋肉にアプローチするのがベターなのですが、多くの人にとって「自律神経」は盲点になってしまっています。優先順位としては、自律神経へのアプローチが先にくるべきです。

その、自律神経の中枢がどこにあるかといえば、「首」です。もっといえば、上部頚椎（第

１頚椎、第２頚椎）で、ここには重要な神経や血管が集中しています。

原因不明の体調不良は「不定愁訴」と呼ばれます。不定愁訴の中には「疲労が取れない」「よく眠れない」など、なんとなく体調が悪いという様々な自覚症状を伴うものの、検査をしても問題が見つからないという状態が多く見られます。

このような状態を、東洋医学やカイロプラクティックの分野から考えると、健康と病気の間にある自律神経系の失調状態で、様々な不定愁訴がありながらも病気とは言えない「未病」と呼ばれる状態と考えられます。

これだけ高度に発展し、あらゆる病気を治せるまで発達した現代でさえ、首の筋肉の緊張がどのようなメカニズムで自律神経に影響を及ぼしているかは原因不明と言われているのが現状です。しかし、長年多くのアスリートたちにメンテナンス＆コンディショニングを実施してきてはっきりとしていることは、首の筋肉の緊張を解消するとあらゆる不定愁訴が改善していくという紛れもない事実です。東京脳神経センターの研究チームの発表によると、不定愁訴で入院した患者１８６３人に頚部への局所療法を行ったところ、28症状が50％以上の回復率を示したとされています（※）。

※ European Spine Journal /Published: 14 January 2020

上部頚椎が圧迫されると、そこにある神経や血管も圧迫されると考えられます。神経が伝達しないことには、体は力を発揮できません。上部頚椎が圧迫されると、そこで神経伝達が滞ってしまうのです。このメカニズムに関してはまだ究明はされていませんが、首を調整することでパフォーマンスが改善した、よく眠れるようになったという例は枚挙に暇がありません。

次に、アメリカの名門であるパーマーカイロプラクティック大学卒のカイロドクターが記したコラムを紹介します。「頚椎と自律神経」の関係について、簡潔にまとめられています。睡眠を改善する上で首がいかに重要であるか、理解できると思います。

〈 上部頚椎の位置 〉

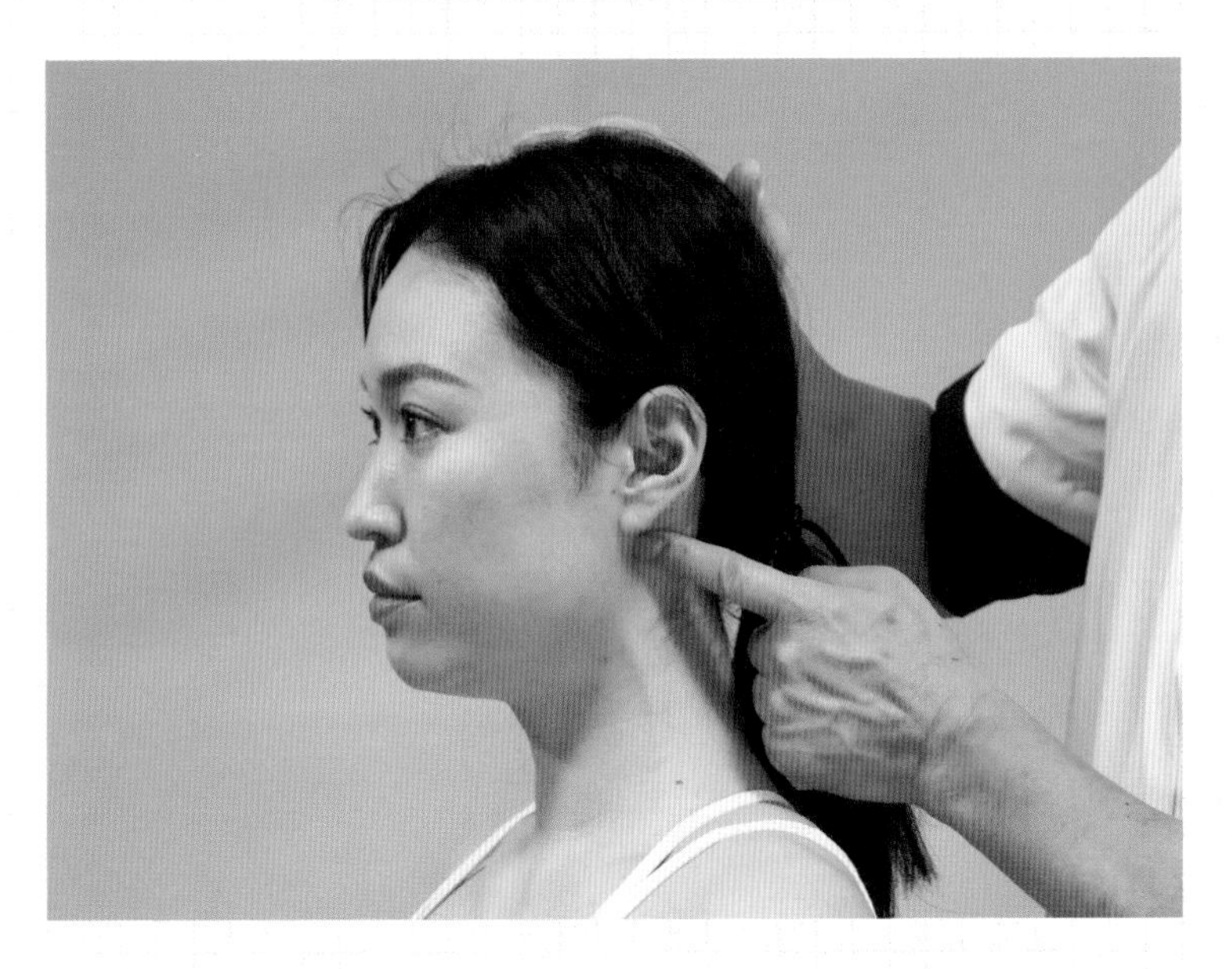

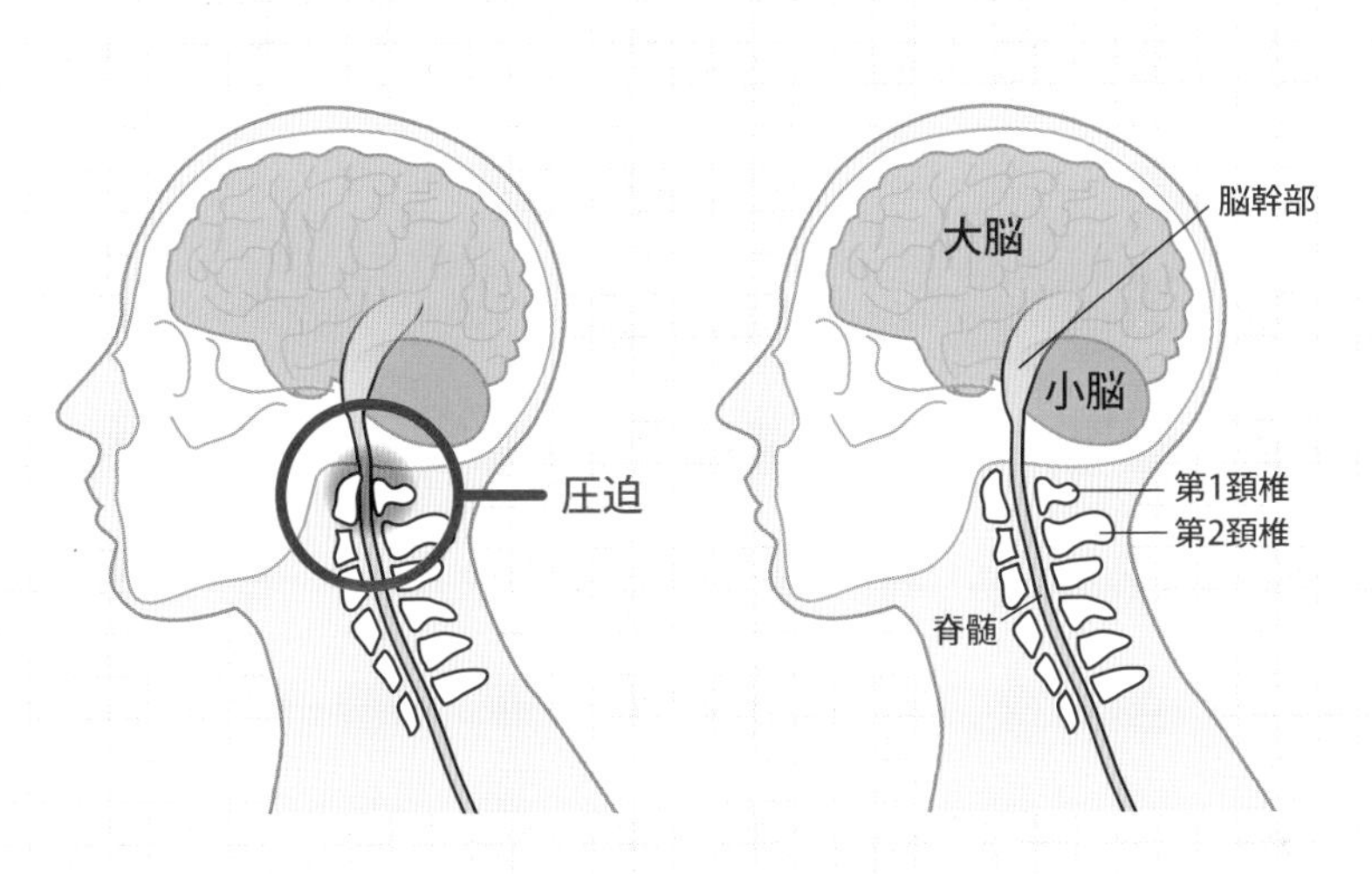

上部頚椎には重要な神経や血管が集中しており、ここが圧迫
されるとそうした神経や血管も圧迫される

特別寄稿

Doctor's Column

頚椎と自律神経が睡眠に及ぼす影響

アメリカパーマーカイロプラクティック大学卒
米国政府公認Doctor of Chiropractic
Millennium Chiropractic Clinic院長

青 耕平

睡眠薬で自律神経のバランスは改善されるのか

現在、カイロプラクティック治療は世界80カ国以上の国に広まっており、アメリカ、カナダ、オーストラリア、イギリス、欧米諸国を中心に約40カ国で国家資格制度も法制化され、正式な大学の学位が確立されています。また近年では香港、シンガポール、マレーシアなどアジアの国々でも国家資格が確立され、大学の中にもカイロプラクティック科ができてきています。日本ではまだ正式に法制化されていませんが、志の高い多くのセラピストたちが私どものクリニックに医学的・科学的根拠に基づく本場のカイロプラクティックの技術を学びにきています。

私どものクリニックには様々な症状をお持ちの患者さんが来院されますが、今回は頚椎と自律神経が睡眠にどのような影響を及ぼすか、またそのメカニズムについてお話ししていこうと思います。

現在、多くの方が不眠症で困っています。眠れないということで病院へ行くと、ほぼ全てのケースで自律神経のバランスが崩れていると診断され、睡眠薬を処方されることでしょう。しかし、ここでみなさんに今一度考えていただきたいことは、睡眠薬を服用することで眠ることができたとして、果たしてそれは自律神経のバランスは改善された結果なのか？　ということです。自律神経のバランスが改善されているならば、睡眠薬の服用をしなくても眠れるようになっているはずです。そして、不眠症で困っている方も自律神経のバランスが整えば眠ることができるようになるはずです。

まず、自律神経について簡単な説明をします。自律神経は交感神経と副交感神経と呼ばれる2つの全く逆の働きをする神経によって構成されています。交感神経は朝陽が昇り、活動時間になると働きが活発になります。また自分の身に危険を感じたり、驚いたときや強いストレスを感じたりするときなども交感神経が優位な状態になります。

交感神経が優位なときは心拍数が高くなったり、瞳孔が拡大したりします。症状としては動悸が激しくて息苦しさを感じる、過緊張のため肩が凝ってくるなどがあります。副交感神経は、陽が落ちてあたりが暗くなってくると働きが活発になってきます。その他にはご飯を食べたあとやリラックスしているとき、眠っているときなどは副交感神経が優位になっています。朝起きるのがつらいという症状は、副交感神経が昂（たかぶ）った状態にあるのでしょう。

この交感神経と副交感神経は、先述しましたように全く逆の働きをします。片方が活発になれば、もう一方は働きが抑制された状態になります。夜になっても交感神経が昂ったままで、副交感神経の働きが抑制されていると、眠れないという症状が出てきます。

頸椎が正しい位置に戻ると筋肉の異常な緊張がなくなり、神経への圧迫が減少する

自律神経のバランスを崩す原因としては様々なことが考えられますが、私たちカイロプラクターは、問題点を背骨から探していきます。交感神経と副交感神経は、体内の通るルートが違います。交感神経は、脊椎の両側から出たあと、体の各器官へと向かって分布していきます。それに対して副交感神経は脳の下部にある中脳や脳幹から出て、体の各器官に向かうルートと脊髄の下部にある骨盤神経から腸や膀胱、生殖器に向かうルートがあります。不眠症などの症状がある場合、まず頸椎（特に脳幹などが近くにある頸椎上部）の問題ではないかと考えます。頸椎が正しい位置からズレることにより神経に対し異常なストレスをかけ、それが長期間続くとだんだん副交感神経の働きが弱くなっていく。これが不眠症の原因だと考えています。

私たちカイロプラクターの治療は、正常な位置からズレている頸椎を元の正しい位置に戻すことであり、そうすることにより関節の可動域も正常に戻り機能も回復してきます。また頸椎が正しい位置に戻ることにより筋肉の異常な緊張がなくなり、神経への圧迫が減少します。その結果として副交感神経の働きが正常となり眠れないという症状は減少していくのです。

第5章

あなたは「脱力」できているか

「脱力」というのは意外に難しく、力を抜いているつもりでも脱力できていない人も多い（©GettyImages）

力を抜くのは意外と難しい

常に筋肉が緊張した状態にある。それは、言い換えれば「脱力」ができていないということでもあります。「脱力」とは、文字通り力を抜いてダランとすることですが、そんなの簡単じゃないかと、そう思った人がほとんどでしょう。

しかし、脱力しているつもりでも、体がガチガチのままだと、それは交感神経が優位な状態と言えるでしょう。顕著な例としては、慢性的な肩凝りがあります。凝っているということは、筋肉が緊張して脱力できていないということです。ダランと力を抜いたつもりでも、交感神経は優位なままで、肩がガチガチになっています。

こういったことは自覚しづらく、脱力できているかどうか、セルフでチェックすることも難しいです。そもそも、そういった人のほとんどは、筋肉に力が入っていることに気づけていません。

立位での姿勢チェック法

しかし、パートナーがいる場合、比較的簡単にできるチェック方法があります。それが「立位での姿勢チェック」です。これは私も施術を始める前に、来院者さんの状態を知るために実際に行っているチェック法です。

まずは、立った状態でカカトを壁につけます。そのとき、リラックスして立つのがポイントです。そこでパートナーに前から押してもらい、肩を壁につけていきます。このときに、体に力が入るようだと、いわゆる「猫背」になっています。

猫背になっていると、首や背中はガチガチです。かなり力を入れて押さないと、壁に肩

〈 立位での姿勢チェック法 〉

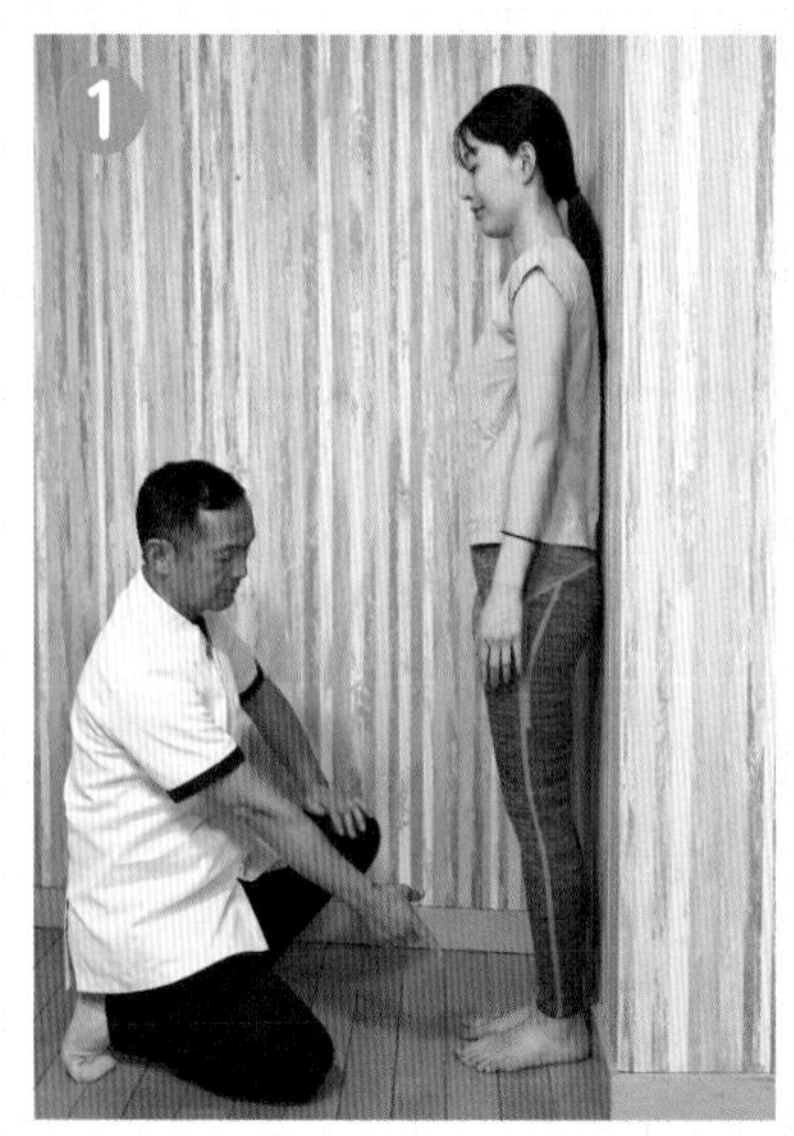

リラックスして立った状態でカカトを壁につける

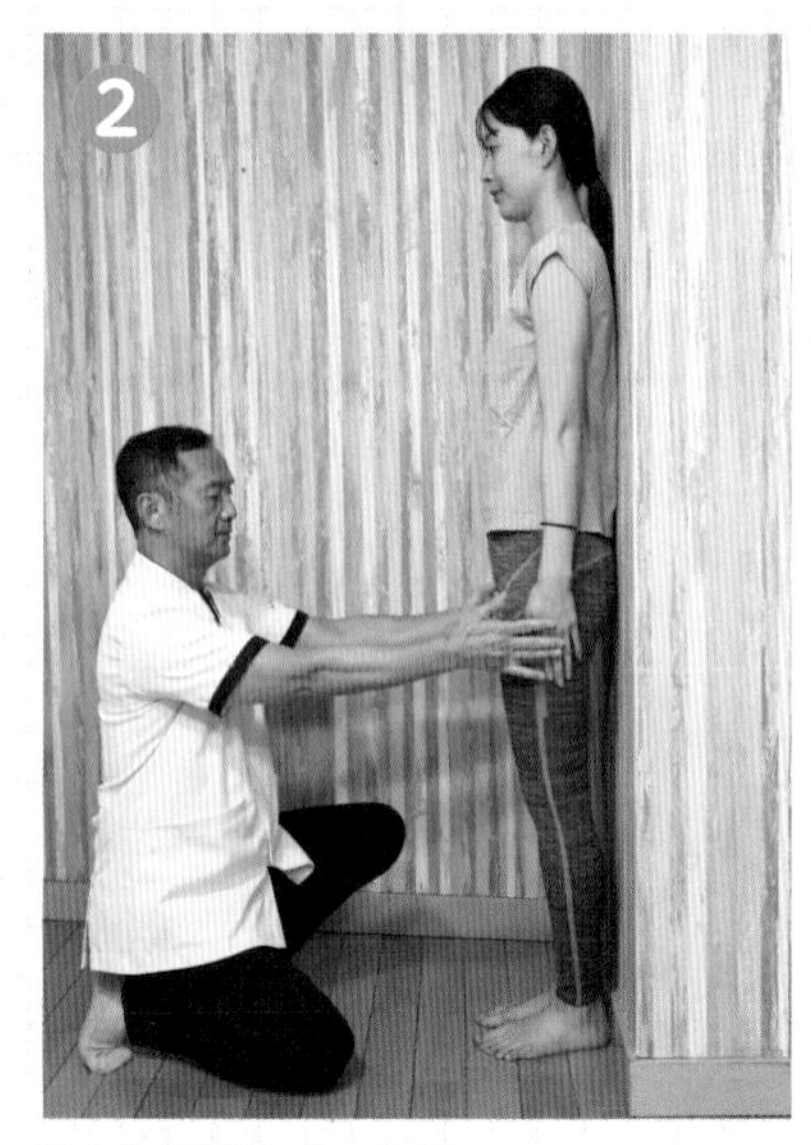

腕を体の真横に持ってくる

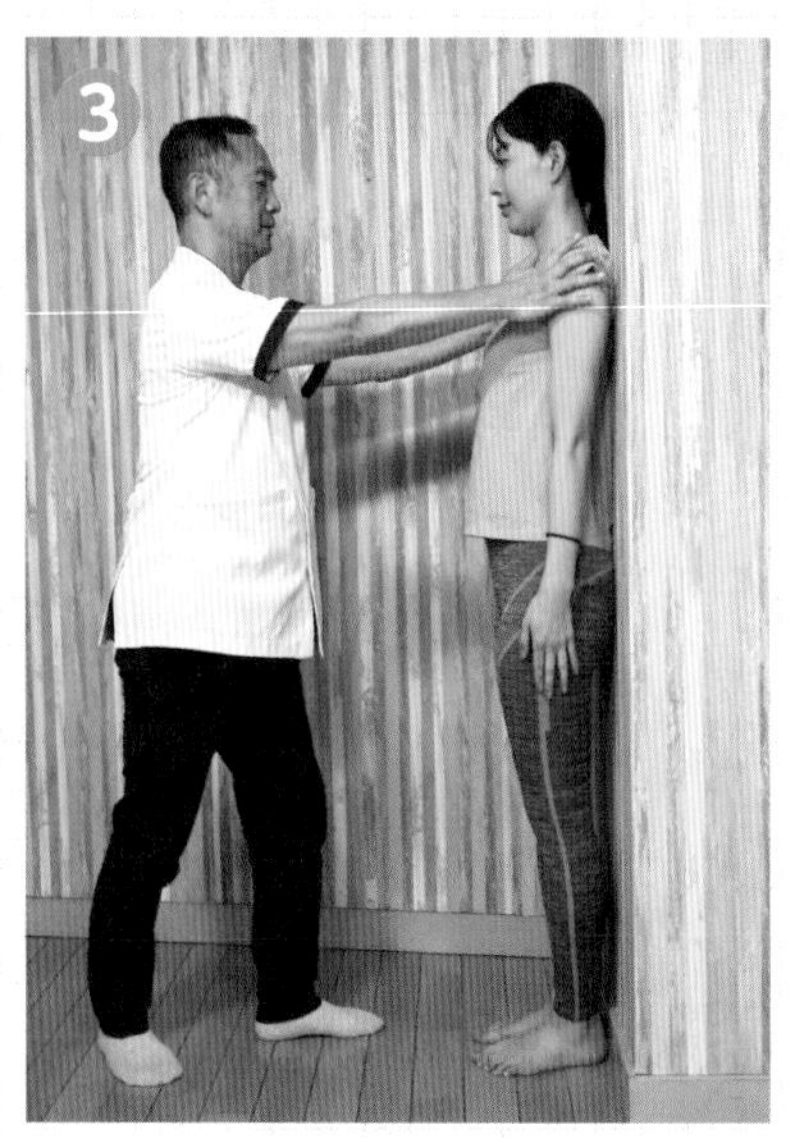

パートナーに押してもらいながら、肩を壁につける。このとき、体に力が入るようだと「猫背」になっている

後頭部を壁につけたら「いい姿勢」のできあがり。これが正しい重心ライン

がつかないはずです。立った姿勢を維持するのがキツければ、寝ているときもキツいのです。それでは熟睡は望めません。

また、猫背で姿勢が前かがみになっていると、腰椎椎間板内圧も高まり、腰痛の原因になることがあります。猫背を正すだけで無駄な労力を抑えることができ、それはパフォーマンスのアップにもつながっていきます。

また、内臓は正しい位置にあってこそ、その能力を発揮します。猫背になると、内臓の位置は下がります。すると、その下にある胃腸は圧迫されるような状態になり、消化吸収はもちろん、内臓はその能力を存分には発揮しにくくなります。また、内臓が圧迫され胃腸の調子が悪い状態だと、さらに猫背になりやすくなります。

凝り固まった背中に可動性をつける

体を支えるために、筋肉は常にがんばっています。そうした筋肉のがんばりが、肩凝りや背中の張りなどにつながっていきます。また、筋肉（骨格筋）には「屈筋群」と「伸筋群」があります。体を縮めるときに使うのが屈筋群で、伸ばすときに使うのが伸筋群です。ここでは大まかに分類して、体の前側の筋肉を屈筋群、後ろ側の筋肉を伸筋群とします。

ほとんどの場合、人は伸筋群よりも、屈筋群のほうが強いです。屈筋群のほうが強いということは、伸筋群はその強い屈筋群に引っ張られがちになります。だから、脳梗塞などを発症した場合、体は屈筋群に引っ張られます。

つまり、比率でいうと体の背面よりも前面の筋肉を使いがちで、使われない背面の筋肉は硬くなり、その可動性も損なわれやすいです。

そこで、凝り固まった背中の可動性をつけるために、左ページのストレッチを試してみてください。イスに座った状態でもできるので、オフィスでも実践できると思います。これで呼吸がかなり楽になることが期待できます。普通の呼吸では1分間に5600ミリリットルの空気がガス交換されると言われていますが、背中が凝り固まった猫背の場合、肩が前に出て胸郭が狭まり呼吸も浅くなります。

背中のストレッチをして胸郭が開くようになると深呼吸ができるようになり換気量が増え、より多くの酸素を体内に取り込めます。これにより、顔色がよくなる、持続力が上が

〈 背中のストレッチ 〉

イスに座った状態で両腕を前に伸ばす。両腕を内側に捻るようにして（内旋）、肩を前に出す。これを 5 秒

両手の親指が外側になるように腕を捻りながら（外旋）、肘を後ろに引いて、胸を張って肩甲骨を寄せる。これを 5 秒。「伸ばして 5 秒」「胸を張って 5 秒」の計 10 秒を 3 セットほど

る、疲れにくくなる…、などのメリットが期待できます。

ただ、猫背になって呼吸が浅くなってしまうのは、病気ではありません。病院の検査では、何も引っかかりません。たかが猫背、されど猫背。アスリートならば、そのまま放置せず、しっかりとパフォーマンス発揮するためにも治しておきたいところです。

「脱力」のためのエクササイズ

体が慢性的に緊張していると、血流が悪くなり、酸素不足に陥ります。すると、老廃物が溜まり、末梢神経が刺激され、筋肉が反射的に収縮して…、

たとえベッドに横になっても、
脱力できなければ熟睡はできない

と悪循環が生じます。そうなると、体は「脱力」というリセットができなくなってしまいます。

体のリカバリーを考える上で、「脱力できる体」というのは、とても重要です。たとえベッドに横になっても、ガチガチのままでは熟睡はできません。

そこで、就寝前に、84ページに紹介するエクササイズを試してみてください。これは、力を抜く癖をつけるためのエクササイズです。普段、緊張している人でも、力が抜けやすくなります。脱力できるようになれば、自然と睡眠の質も変わっていくはずです。

〈 脱力エクササイズ 〉

仰向けに寝た状態で、全身を思い切り伸ばす。これを 10 秒

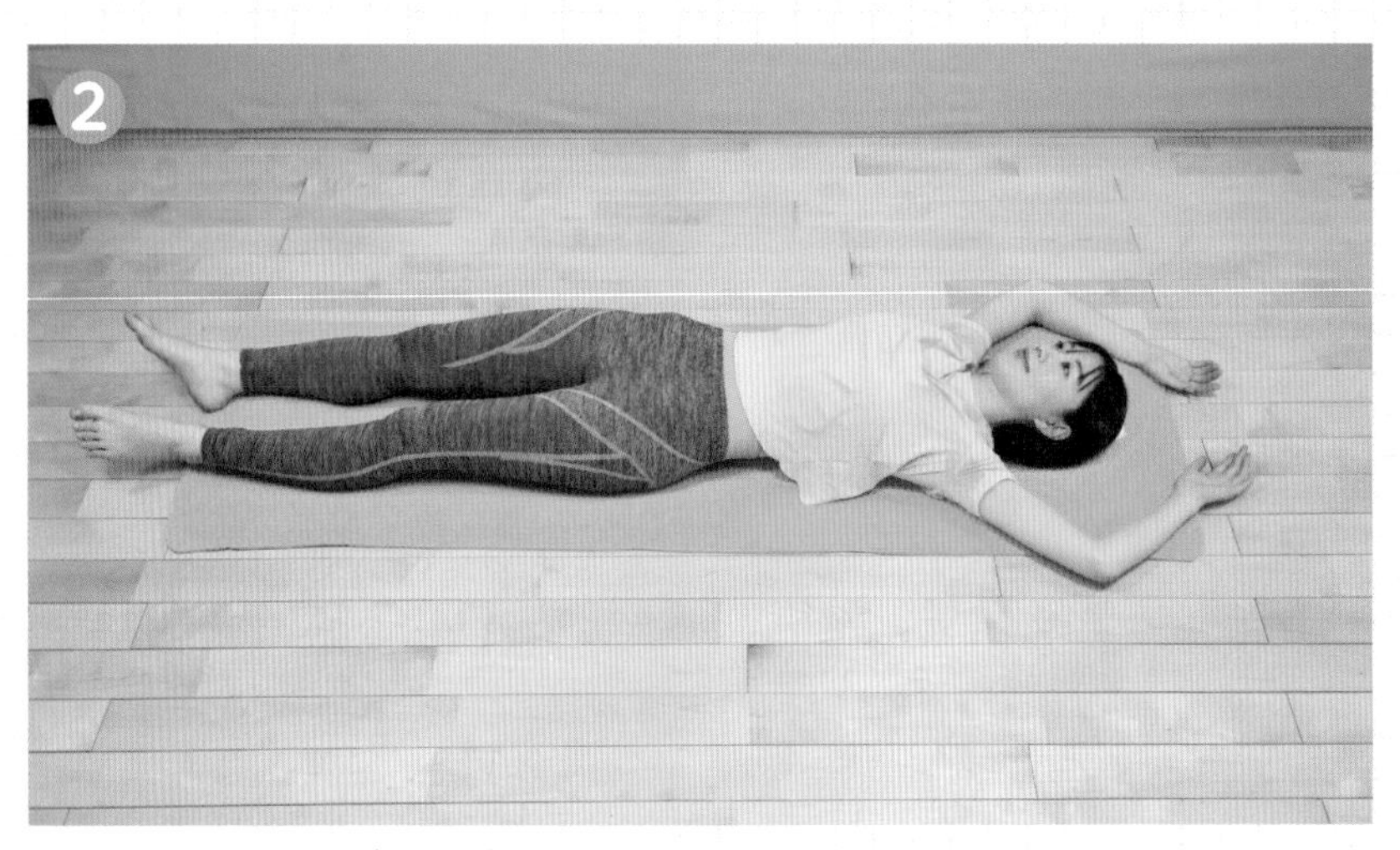

足の先から手の先までをグッと伸ばした状態から、ストンと脱力。
この「10 秒伸ばして脱力」を 3 セットほど

体験者インタビュー
File2

全般的に体力がつき、高いパフォーマンスを発揮できるようになりました

福美人株式会社代表
向井麻由美

ケアしていたにも関わらず腰の痛みが悪化

私には慢性的な肩凝りに悩まされた時期があって、整体に行くといつも腰も張っていると言われ続けていました。私はもともと美容雑誌のライターをやっていて、いいところがあるという情報を得ると実際に行って施術を受けるということを繰り返していました。鍼と整体に月1回、ジムでパーソナルトレーナーのマッサージを週1回ほど、こうした生活を10年以上続けていました。

私が代表を務める会社では化粧品の企画販売をしているのですが、販売イベントが続き、3日間連続でヒールで立ち仕事をしたことがあったんです。その2日目の段階で腰が重く、張るような症状がありました。そして、翌日のために少しでも

疲れを取っておこうと思い、自宅でストレッチをしたり、ポールで背中や腰をほぐしたりしたら、さらに悪化したんです。

翌日に腰から太ももの裏にかけて痛みが走るようになり、それはイベントが終わっても治る気配がなく、座っていても立っていても痛くて、何をするにしても集中できなくなってしまいました。自宅にもいろんなボディケアのアイテムがあり、日ごろからケアすることを心掛けていたので、これ以上は悪化しないだろうと思っていた中、腰の痛みが増したのは衝撃的でした……。

また、睡眠の重要性も認識はしていましたが、30代のころは、それこそ徹夜で原稿を入稿するということが日常茶飯事で、倒れるようなことこそなかったものの、かなり無理をして仕事をしていました。仕事をするには寝る時間を惜しむしかなく、短時間でいかに質のよい睡眠を取るかということを、自分なりにずっと研究していました。

しかし、痛みが続くと、当然、眠りも浅くなります。そのころは毎日、疲れているような感覚がありました。

深く眠れるようにもなり、体も動かしやすくなった

そんな折、尊敬する経営者の方に紹介してもらったのが宮沢先生の「せたがや接骨院」です。最初の施術から効果がすごく、驚きました。しかも、改善スピードも速いんです。これまでいろんな施術を受けてきましたが、骨にアプローチするというところには出会ったことがありませんでした。筋肉や筋膜、皮膚にアプローチすることしかやってこず、骨に関しては整体には行ったことがあるのですが、アライメントの調整などは受けたことがありませんでした。

宮沢先生には、3カ月間しっかりと通って様子

を見てくださいと言われました。それまで受けていた施術をすべてやめて宮沢先生のところだけに通うようにしたら、3カ月どころか1カ月で痛みがなくなってきたんです。その後は無理すると少し張ってくるので、定期的に通って整えてもらっています。

深く眠れるようにもなり、朝起きると疲れが取れている感覚がありました。痛みがないので、おそらくちゃんと寝返りが打てるんです。入眠時も、以前は腰をかばうような姿勢を整えてから寝るようにしていたのが、今はそういったことをせずに済みます。同時に肌もきれいになり、〝健康〟に近づいていくという実感がありました。

そして何より、体を動かしやすくなりました。私は趣味でゴルフをやっているのですが、疲れてしまって1ラウンドを回るのが無理だったんです。5ホールほど回ったら疲れてしまって、そこからは苦痛で「早く終わって……」という気持ちで打っていました。今ではそういったこともまったくなくなりました。

これは今回のテーマからはかけ離れてしまうかもしれませんが、宮沢先生から「週に2回、30分ほど歩くように」と言われたんです。これは盲点でした。私は日常生活で歩くことがほとんどなかったので。始めたばかりのころは30分ほどで疲れていたのが、続けているうちに余裕で1時間ほど歩けるようになりました。

だから、全般的に体力がつき、疲れづらくなったというのはあります。体力がつき、痛みがないので、今は体のストレスがありません。周りの人を見ていてると、年齢を重ねると体のどこかしらが痛くなり、生涯それとつきあっていかないといけないのかと思っていましたが、そんなことはありませんでした。痛みがなく、思い通りに自由に動く体は、心まで軽くしてくれて、何をするにしても高いパフォーマンスを発揮できます。

Profile

向井麻由美　むかい・まゆみ

金融業界にて業務経験を積んだのち、2007年福美人株式会社に参画、2014年代表取締役社長に就任。「美を通じて人々をハッピーに」という想いのもと、化粧品の企画開発や企業向け美容ビジネスコンサルティング、美容サロンの経営を手掛ける。自社開発の化粧品「FUKUBISUI」は男女年齢問わず人気となり、ブランド設立10周年を迎え、販売数はブランド累計150万本を突破。

https://fukubisui.com/

第6章

「睡眠」と「頚椎」

理想的な枕とは？

「高枕」「枕を高くして寝る」などの言葉があります。ぐっすりと眠る、安心して眠る、といった意味ですが、確かに時代劇を見ていると、お殿様は高い枕を頭の下に置いて寝ているものです。枕は低いよりも高いほうが快適に眠れる、といったイメージがあるのかもしれません。

実際のところ、一般的に流通されている枕は頭の下に置くものがほとんどで、頚椎に着目したものはあまりありません。本来、頚椎は半径17㎝のカーブを描いています。これが人にとって自然な生理的弯曲です。高い枕に頭を乗せると、この生理的弯曲が失われ、ストレートネックのような状態になってしまうのです。

では、どう対処すればいいのか。簡単です。自宅にあるバスタオルで、理想的な枕を作ることができます。

バスタオルの規格は、だいたいどれも同じです。タオルを4つに折り、くるくると丸めていきます（92ページ）。これで完成です。仮にここでは、この枕を「頚椎サポート枕」

と呼ぶことにします。

そして、ここからが重要なのですが、頚椎は7つの骨で構成されています。半径17㎝の前弯カーブの頂点にくるのが、第5頚椎です。頚椎サポート枕の一番高いところが、第5頚椎にくる位置に置くようにします。後頭部ではなく、首の下に置くのです。

一般的な枕を使用した場合と、この頚椎サポート枕を首の下に置いた場合。写真で見比べてみると、首の状態の違いが一目瞭然です（94ページ）。一般的な枕では生理的弯曲が失われていることが分かると思います。

また、AEDの講習などを受けた方はイメージしやすいかと思いますが、救命活動の際には、相手のアゴを上げて気道を確保します。高い枕になると、アゴを引いた姿勢になります。これは楽に呼吸ができる体勢とは言い難いです。

〈 頚椎サポート枕の作り方 〉

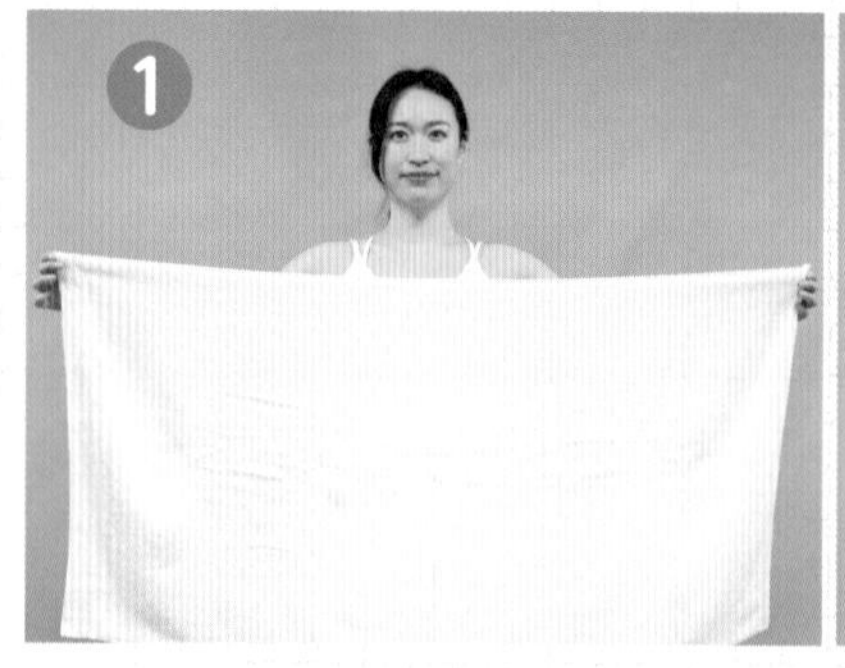

まずはバスタオルを半分に折る

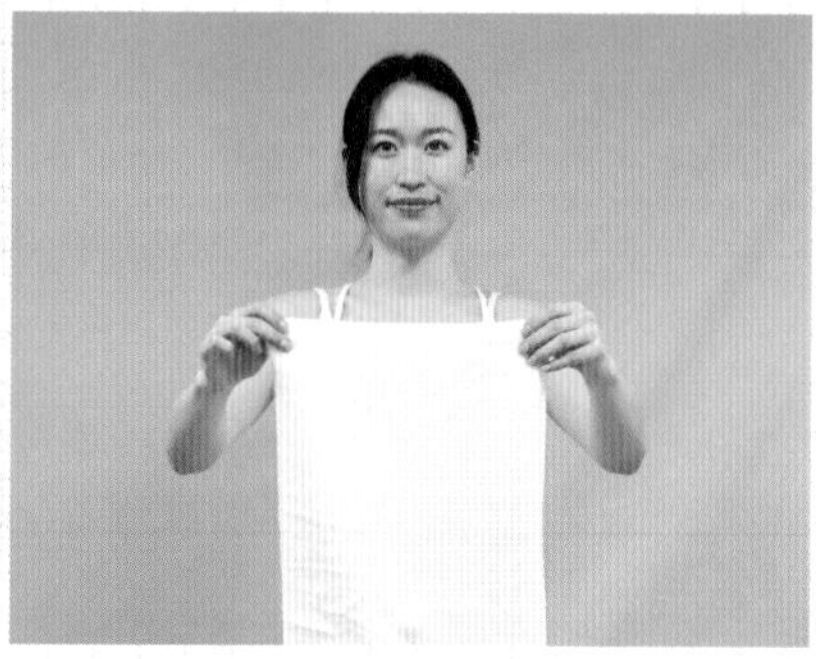

もう一度半分に折り、４分の１の大きさにする

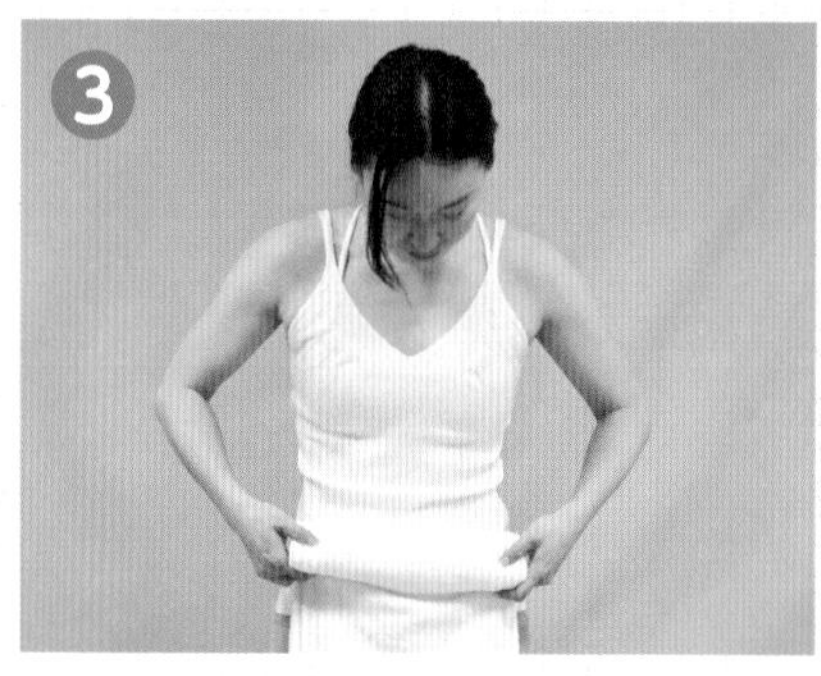

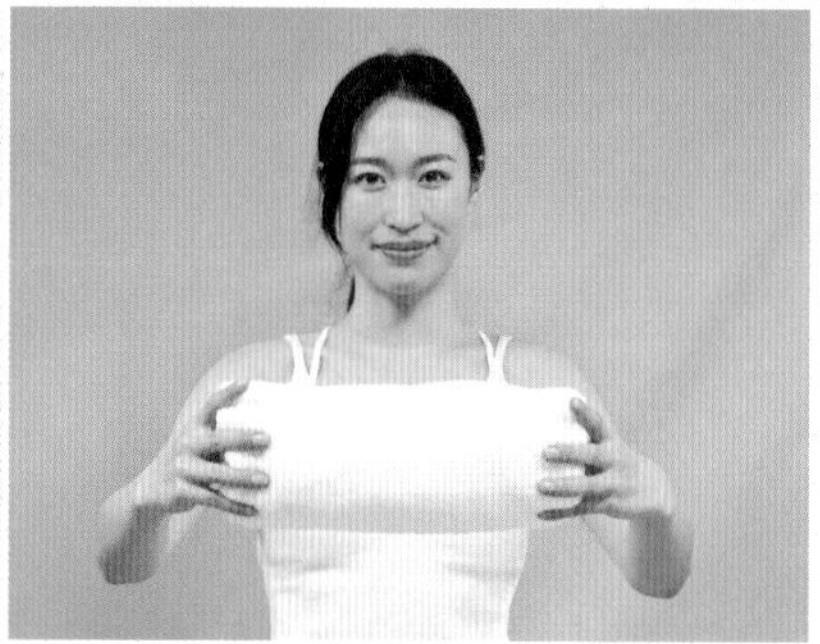

くるくる丸めて、できあがり!

〈 第5頚椎の場所 〉

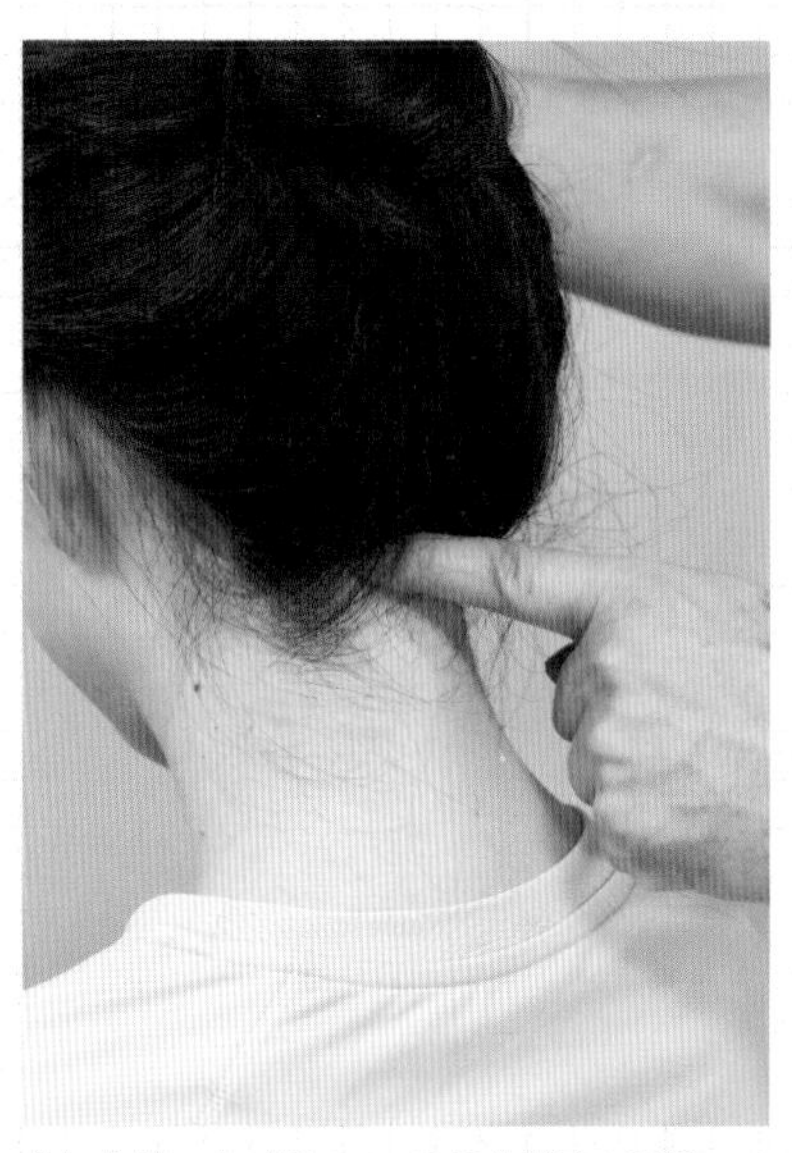

首の上部の出っ張っている部分が第２頚椎

首の下の部分の出っ張りが第７頚椎

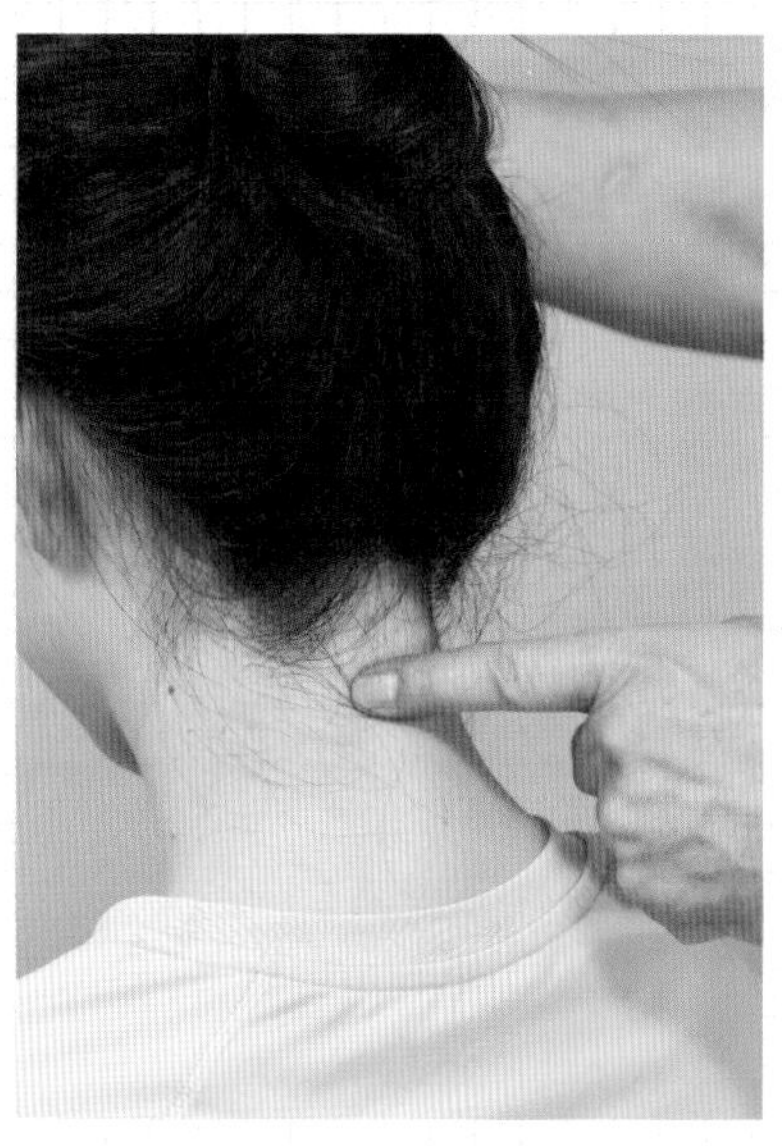

第２頚椎と第７頚椎
のちょうど真ん中に
第５頚椎がある

〈 枕による頚椎の状態の違い 〉

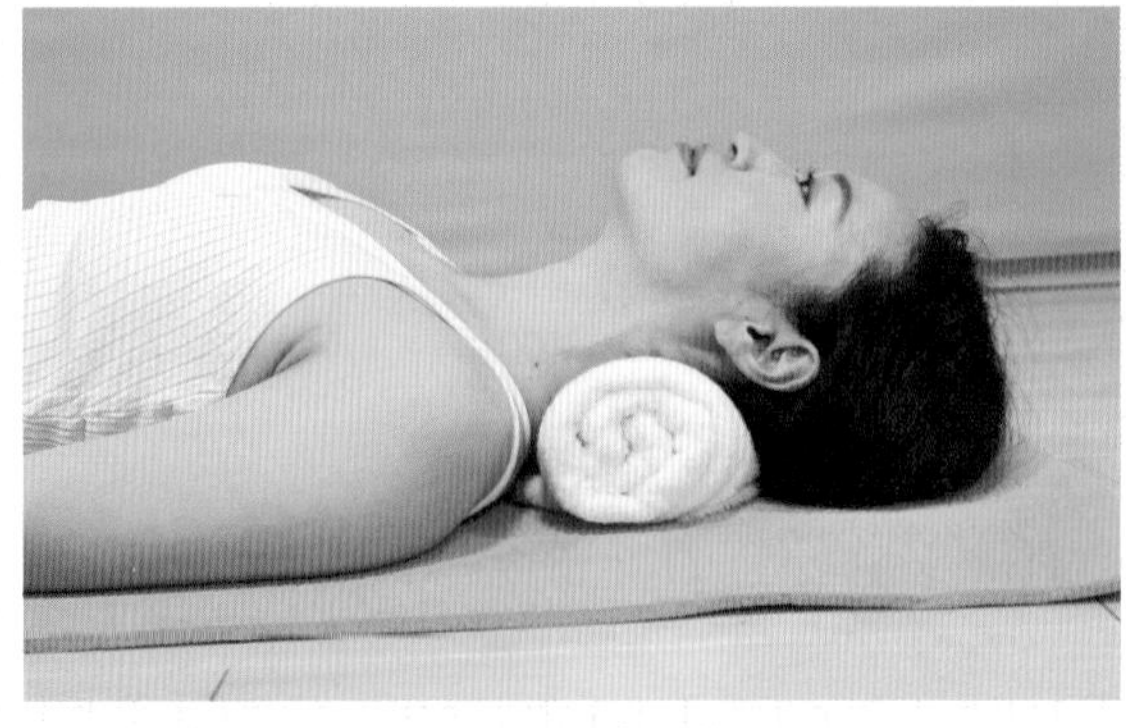

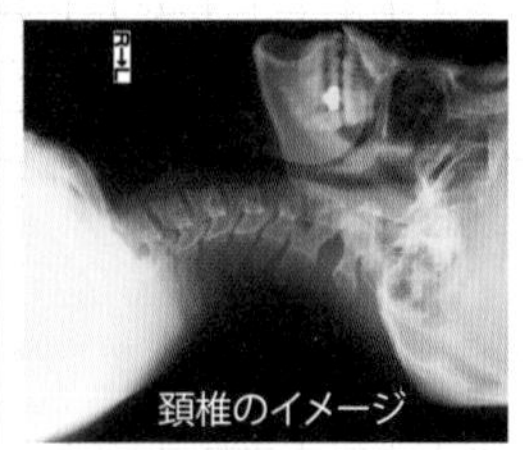

第５頚椎が頂点になるように頚椎サポート枕を置く。
頚椎は自然なカーブを描く

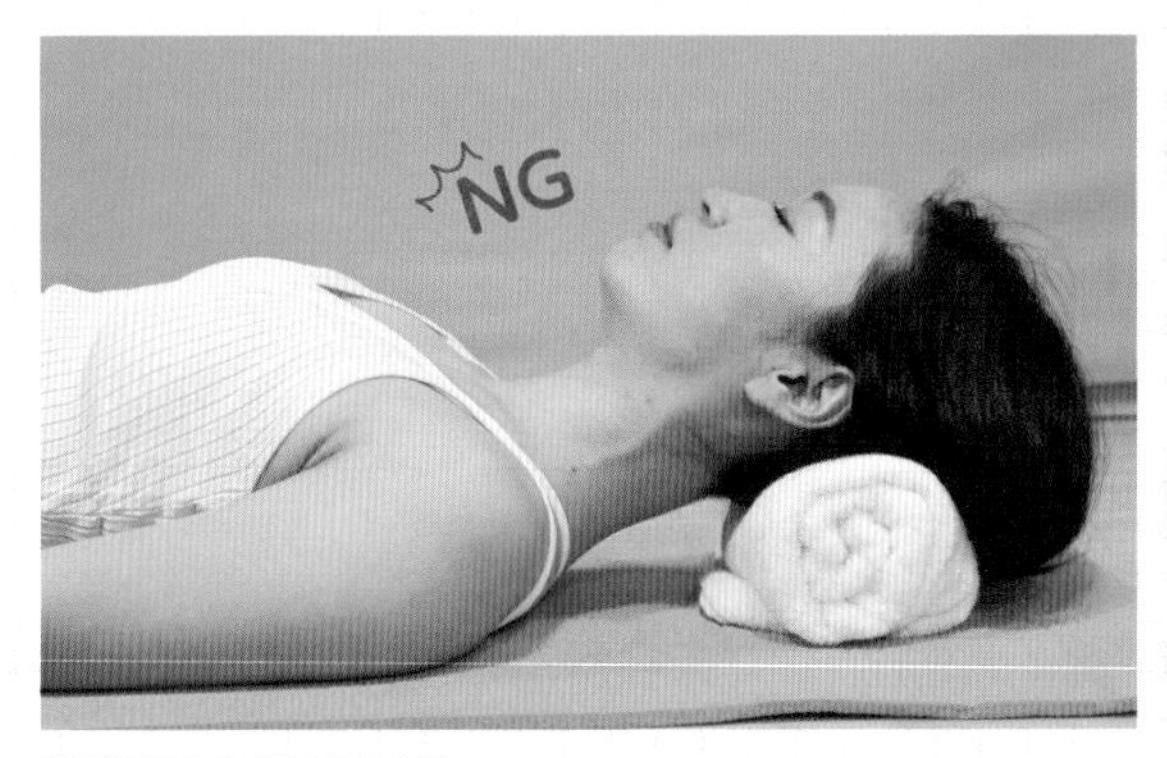

後頭部の下に置くのは NG

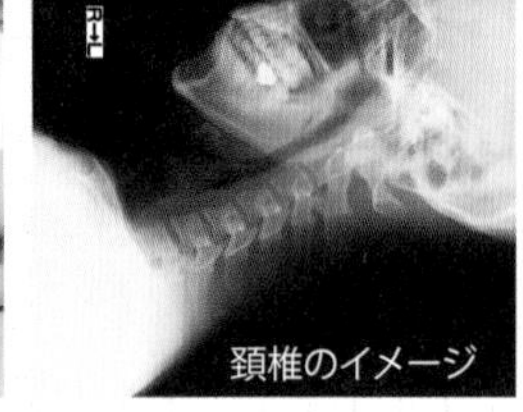

一般的な枕を後頭部の下に置いた場合、
頚椎の自然なカーブは失われる

頚椎のケアが睡眠に及ぼす影響

睡眠と心身の健康についてはこれまでに様々な研究が行われてきましたが、睡眠時間が長い、短いということよりも、まず優先的に考えなくてはならないのは「睡眠の質」と「頚椎のセルフケア」です。睡眠は「時間」ではなく「質」が重要なのです。

厚生労働省による「質の良い睡眠の評価指標」によると、質の良い睡眠とは、

- 規則正しい眠りと覚醒のバランスが維持できており、夜と日中と夜のメリハリがある。
- 十分な睡眠時間が確保できており、昼間に居眠りをしたり強い眠気に襲われたりすることはなく、心身ともに健康な状態で過ごしている。
- 夜中に目が覚めることが少なく、睡眠時間が安定している。
- 朝スムーズに目覚める。
- 起床後にすぐに活動できる。
- ベッドや布団に入ってから短時間で眠れる。

質の良い睡眠が取れると、日中を活発に過ごせ、パフォーマンスアップにもつながる（©GettyImages）

- ぐっすり寝たという感覚を得られている。
- 昼間の疲労感が少ない。

このように定義されています。

そして、ここでいう「睡眠の質」とは、ずばり言うと「睡眠のサイクルが規則正しく繰り返されているか？」ということになります。

睡眠時には「ノンレム睡眠」と「レム睡眠」を繰り返しています。生活習慣や年齢や体質などで個人差がありますが、一般的には最初にノンレム睡眠で深い睡眠に入り、それから約90分後にレム睡眠で浅い眠りになり、このサイクルを一晩で4、5回繰り返していると言われています。レム睡眠は全身の筋肉が弛緩した状態で、主に体の疲れを取る睡眠と考えられています。ノンレム睡眠は、成長ホルモンの分泌や脳を休める睡眠と考えられています。レム睡眠にもノンレム睡眠にも異なる役割があるので、どちらが良い悪いというものではありません。睡眠の質を考える上で重要なのは、このレム睡眠とノンレム睡眠のサイクルが規則正しく繰り返されているかということです。少なからず「睡眠」に悩みを持っている人は、このサイクルが乱れている場合もあるのです。

では、自分の睡眠のサイクルはどうやったら把握できるのか？　近年は手軽に睡眠を管理できるアプリやデバイスがリリースされ、睡眠に悩みを抱えている人が使用することが増えています。病院に入院して精密検査を受けるのとは異なりますが、こうしたアプリやデバイスなどで、とても手軽に睡眠時間や呼吸数、寝返りの回数、睡眠のサイクルなどのデータを見ることができます。

こういった手軽なアプリやデバイスによって、もたらされるメリットはたくさんあります。今まで知りえなかった自分の睡眠中のデータを知ることにより、「こういうときは睡眠のサイクルが乱れる」とか「こういうときは睡眠のサイクルが整う」とか、今後の対策にも役立てられます。

また、自分の睡眠を年間を通して知ることで、気候や生活習慣などの変化が睡眠サイクルに及ぼす影響や変化を把握でき、自分の行動を見直すきっかけにもなるかと思います。そうした中で、「頚椎」へのアプローチにより睡眠サイクルが整い、「睡眠の質」が高まったというデータも採取できるようになりました。

あらゆる研究が進んでいる「睡眠」ですが、頚椎へのアプローチが睡眠の質を高めることはまだあまり知られていません。ここに、「頚椎の施術を受けていない日」と「頚椎の施術を受けた日」のデータがあります。頚椎の施術を受けた日の睡眠は、受けていない日と比較すると、途中覚醒もなく、睡眠サイクルが整っているのが分かります。このような「頚椎」と「睡眠の質」を数値化したデータは、これまであまり見たことがなかったと思います。一足早く睡眠を管理するアプリやデバイスを使っている人たちは、「今日はよく眠れた」「今日は眠りが浅かった」という自分の感覚をデータとして手軽に見れるようになり、自分なりの睡眠サイクルを知り、質の高い睡眠を得るための傾向と対策に役立てているのです。今後はもっと多くのデータを採取できるよう、全国各地の提携治療院と取り組んでいきます。

「頚椎へのアプローチ」と「睡眠の質」

【被験者】 30歳代女性・主婦
【主訴】 肩凝り。肩凝りがひどくなると頭痛や眠りが浅いといった自覚症状を持つ。
【生活習慣】 週に１～２回軽い運動習慣
【使用デバイス】 +Style 睡眠チェッカー（PS-SSL-W01）

途中で起きてしまうなど不眠を感じた日は寝不足でだるい状態が続く。頚椎の施術を受けた翌日の朝はすっきりと目覚められ「よく眠れた」という体感がある。

2023年2月27日
頚椎の施術を受けていない日の夜

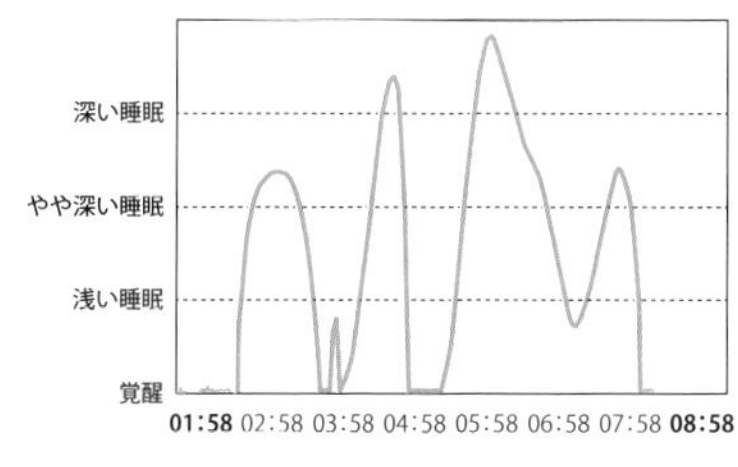

開始時間	睡眠時間	深い睡眠時間
01:58	5時間5分	0時間20分

2023年3月1日
頚椎の施術を受けた当日の夜

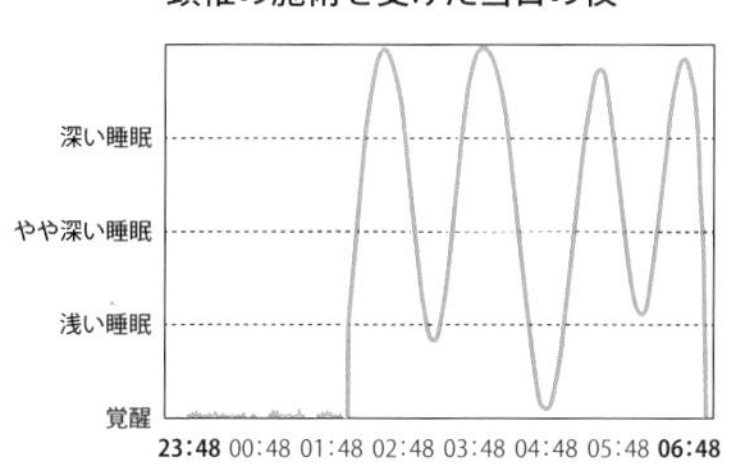

開始時間	睡眠時間	深い睡眠時間
23:48	4時間31分	1時間28分

2023年3月10日
頚椎の施術を受けていない日の夜

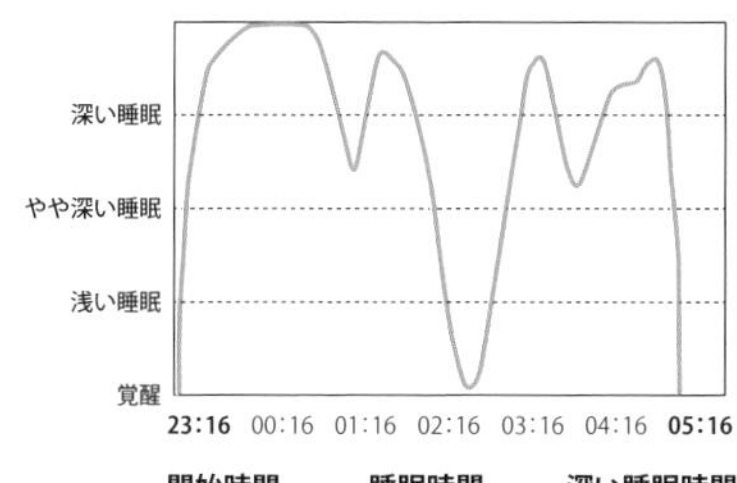

開始時間	睡眠時間	深い睡眠時間
23:16	5時間22分	2時間19分

2023年3月12日
頚椎の施術を受けた当日の夜

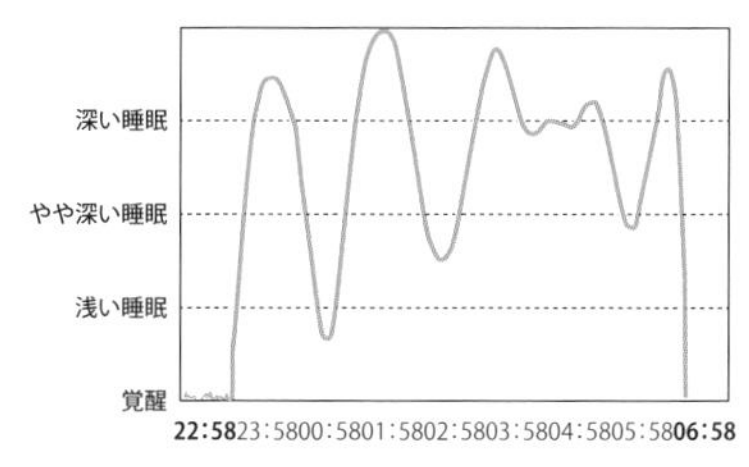

開始時間	睡眠時間	深い睡眠時間
22:58	6時間33分	1時間34分

知っておきたいエトセトラ

私がよく受ける質問の一つに「マットレスはどのようなものがいいですか？」というのがあります。ここで私が勧めているのが、硬めのものです。マットレスには硬さの段階がいくつかありますが、一番硬いものを選ぶのが望ましいです。

一般的な健康な成人の場合、一晩に打つ寝返りの数は20回前後と言われています。寝返りは無意識下での行為ですが、血液を循環させたり、発汗効果を上げたり、筋肉の拘縮を防いだりするのがその理由だと考えられています。つまり、これは動物としての自然な行動で、同じ体勢で寝続けていると、いろんな問題が体に生じるということでもあります。

柔らかいマットになると、体が沈み込んで寝返りの回数は少なくなります。寝返りが打てる環境というのは、とても大切なのです。

また、起床後にオススメしているのは、いきなりガバッと起き上がるのではなく、「うつ伏せになって」「四つん這いになって」「それから立つ」という順番で起きてもらうことです。

〈 目覚めたときの体にやさしい起き方 〉

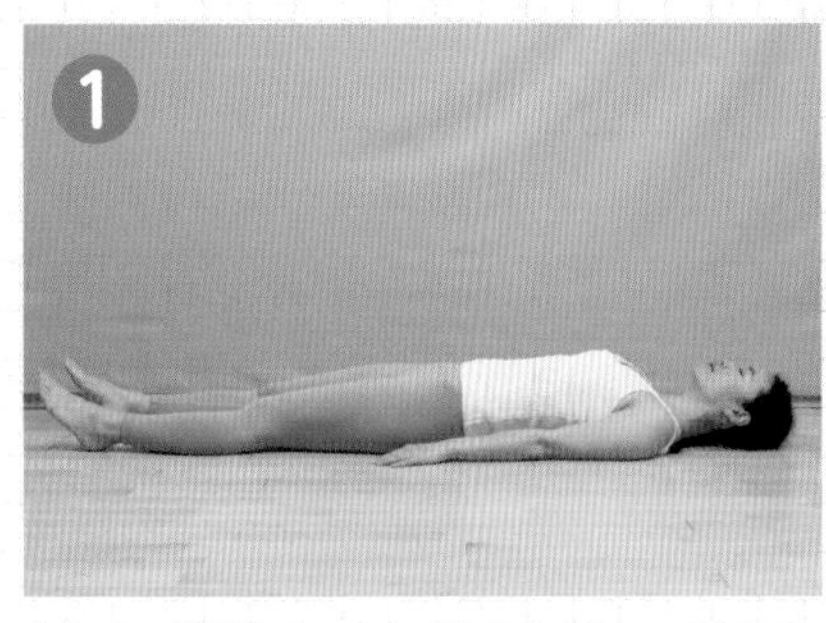

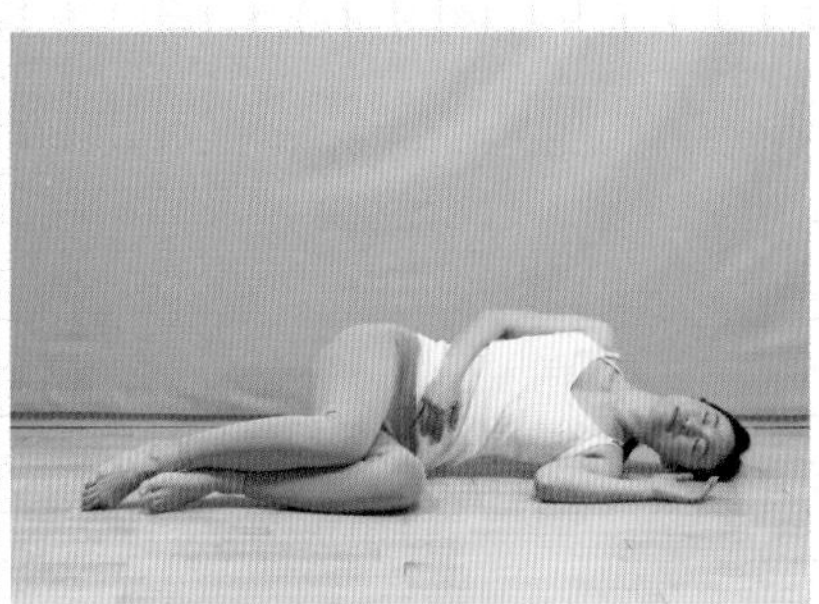

仰向けの状態からいきなり起き上がるのではなく、まずは体を横に向ける

うつ伏せから、四つん這いになる

一旦、正座してから立ち上がる

朝は椎間板に水分が戻り、タイヤでたとえると空気がパンパンに入っている状態です。血圧が急に上がって心臓に負担がかからないようにするためにも、体にやさしい起き方をしてもらう習慣をつけてもらっています。

特に慢性的な腰痛のアスリートは、目覚めた直後は全身が固まっています。目覚めたら、まずは布団の中で全身を伸ばしてから、この順番で起きるようにしてください。

ちなみに、体のどこかに故障を抱えるアスリートには、トレーニング前のストレッチは避けてもらい、その前に5、6分の軽いジョギングをしてもらいます。トレーニング前の体が冷えている状態でいきなりストレッチングをする習慣が、慢性的な痛みにつながっている場合もあるのです。

特に、肩や腰に痛みを抱えているアスリートほど、トレーニング前の冷えた状態で肩や腰のストレッチングを入念にしている傾向があります。ストレッチングをすると一時的に楽になったように感じますが、実際にはさらに悪化させていることに気がついていない人も多く見受けられます。

体験者インタビュー
File3

パワーリフティングを極めるために良質な睡眠は肝

パーソナルトレーニングジム「ターゲット仁—JIN」代表

宮本直哉

体に変調をきたし、夜も寝られなかった30代

私は高校のときにレスリングをやっていて、以後はボディビルとパワーリフティングに取り組み、パワーリフティングでは日本代表としてアジア選手権も出場しました。

そして、90年代にUFCを見て、その影響で総合格闘技を始めるようになりました。その時点ですでに30歳。年齢的に、プロになるには急がなければならず、そのために有名なアマチュア大会に出て優勝という実績を積み上げ、無敗のままプロになることができました。現在はトレーナー業で、全国の様々な高校や中学校のチームでウエイトトレーニングを指導をしています。日々の仕事は、基本的には夕方から開始です。

30代当時は、仕事が終わったあとにトレーニングを開始。そのあとに飲みに行くという昼夜逆転の日々を送っていました。そのような生活を続けていた結果、当然と言われたらその通りですが。体調を崩し、ついには血便が出てしまい、そのころはもしかしたらガンなのかもしれないと疑いました。

いても立ってもいられず病院に駆け込みましたが、ガンではない、血便の原因は不明、異常なし、という結果でした。ただ一点、大腸検査の結果は、過敏性の大腸炎と診断されました。

ガンではないという結果に安堵はしましたが、その後、これまた原因は不明ですが「なんとなく脳がふわふわしているような感覚」に襲われ、気持ちが悪い状態が続くようになりました。それでも病院での診察結果で、原因などは分かりませんでした。挙句、精神的なものかもしれないという至極あいまいな診断結果を出されてしまいました。

やはり心配ですので、脳の検査をすることになりました。その結果は、海綿状血管腫との診断。さすがにその結果にはメンタルがやられてしまいました。

結局これは誤診だったのですが、うつ状態になったり、首や肩甲骨周りが硬くなり、痛みを感じやりするようになりました。大事な体に支障をきたすようになり、夜も眠れない状態が続きました。

そうした生活をなんと10年もの間、続けることになりました。その間はもちろん格闘技、ウエイトトレーニングなど、生活の中心になっていたことを一切止めざるを得ない状況でした。

ただ、稼ぎの源である指導のときだけは、軽い負荷を使い、見本のフォームを見せるだけにとどめていました。当時の首の凝りは、ものすごかったのです。

70kgまで落ちたベンチプレスが125kgまで回復

そして昨年（2022年）、指導中に子どもたち

にマット運動で、手本を見せました。そのときは大丈夫だったものの、翌日、首にひどい筋肉痛が出ました。私自身がパワーリフティング競技者として活動しているため、発症後も練習を継続してしまった結果、痛みは増し、扱う重量も大幅に下がり、150kg挙げていたベンチプレスが70kgすら挙げることができなくなってしまいました。時間をかけて、じわじわと落ちていきました。

これはさすがにまずいと感じ、整形外科を受診しました。MRI診断の結果は、案の定、「変形性頚椎症＋頚椎椎間板ヘルニア」でした。これは競技者としては致命的です。少しでも良くなる治療があるという評判を聞いたら、藁をもすがる思いであらゆる治療を受けてきました。

そして宮沢先生のお世話になるようになったのですが、初回の施術後すぐに睡眠が改善されたことを実感しました。以降、週に1度施術を受け、そのつど睡眠が深くなっていくのを実感しました。「眠れる＝回復する」と、翌日の目覚めから変わります。体の深部から力がみなぎり、「今日もやってやる!」という気持ちになります。

繰り返しになりますが、一時期は70kgさえ挙げることができなくなっていたベンチプレスは、現在125kgまで回復しました。正直、生涯ベストへ戻すことは不可能と諦めていました。しかし、今は「また必ず戻る」「いやそれを上回る記録を出せるぞ!」という気持ちで精進し、毎日がまた充実してきました。

最後にくどいようですが、私はアスリートです。現在54歳。一般的にはとっくに引退している年齢です。しかし、闘病生活を余儀なくされた30代のころにやり残した競技者としての忘れ物を取り戻すため、51歳のときに、意を決して現役に復帰しました。

今はパワーリフティングをやっていますが、眠らないとやはり挙げられません。特に試合前はプレッシャーがかかり、眠れなくなってきます。そこが改善できれば、自分はまだまだいけるという自負があります。首の施術を受けた日は、よく眠れます。大げさではなく、生き甲斐であるパワーリフティングを極めるためには、良質な睡眠は肝だと思っています。

Profile

宮本直哉　みやもと・なおや

1968年、山口県出身。高校時代にアマチュアレスリングを始め、山口県大会、中国地区大会優勝。インターハイ、国体出場。高校卒業後、自衛隊を経てボディビル、パワーリフティングを始め、92年ミスター山口ボディビル選手権大会優勝、97年全日本パワーリフティング選手権大会67.5kg級準優勝。98年アジアパワーリフティング大会67.5kg級5位。00年に32歳という年齢を顧みず総合格闘家に転身。同年、全日本サブミッションアーツレスリング65kg級優勝、全日本コンバットレスリングオープン選手権大会69kg級優勝、東日本アマチュア修斗ライト級優勝。修斗プロフェッショナルライセンス(総合格闘技)取得。以降はトレーナーとして中高生から一般社会人まで幅広く指導している。

第7章

初公開！
自宅でできる
簡単セルフケア

首の緊張を緩和する手技

では最後に、誰でも簡単にできるセルフケアの方法を紹介します。睡眠の質を高めるためのセルフケアです。

多くのアスリートが実施しているケアやコンディショニングは、「筋肉に対してのアプローチ」がほとんどではないでしょうか。ストレッチ、マッサージ、指圧などはそれに当たります。

ストレッチは筋肉の柔軟性や血行促進、それによって関節の可動性を高めるものです。マッサージと指圧は混同されがちですが、それぞれに定義があります。肌に直接、求心性（体の末端から中心にかけて）の刺激を与えるのがマッサージです。一方、皮膚の上にタオルを敷き、リズミカルに遠心性（体の中心から末端にかけて）の刺激を与えるのが指圧です。

今回紹介するのは、そうした一般的な筋肉へのアプローチとは、方法がまったく異なります。それには「持続圧」というものを使います。揉んだり、リズミカルに押したりするのではなく、1分ほど圧をかけ続けるのです。

ここでは東洋医学のツボ「天柱（てんちゅう）」「風池（ふうち）」を用います。場所としては、後頭骨にある僧帽筋の付着部（起始部）になります。まずは後頭部の中央部にある盛り上がった箇所（外後頭隆起）に指を当て、そこから少し指を下げると骨の出っ張りがあるはずです。その下が「天柱」です。

その「天柱」から、指2本分ほど外側に「風池」があります。首の盛り上がった筋肉の外側あたりです。それらのツボを1分ほど、押し続けます。

なぜ、「持続圧」なのか。ここは後頭骨に筋肉が付着している場所です。筋肉は「腱」で骨に付着しており、その腱の部分を持続して圧迫して緊張を取っていきます。

ここには大後頭神経や後頭動脈など、重要な神経や血管が通っています。そこに持続的に圧を加えることで、一時的に血行を悪くして虚血状態を作ります（虚血性圧迫）。そして圧から解放することで局所に血液が流れ込み、一気に酸素や栄養が運搬されます。そうすることで、一般的なアプローチよりも効果をあげています。

お風呂で実践！
〈 簡単ツボ押しセルフケア 〉

天柱（てんちゅう）の場所

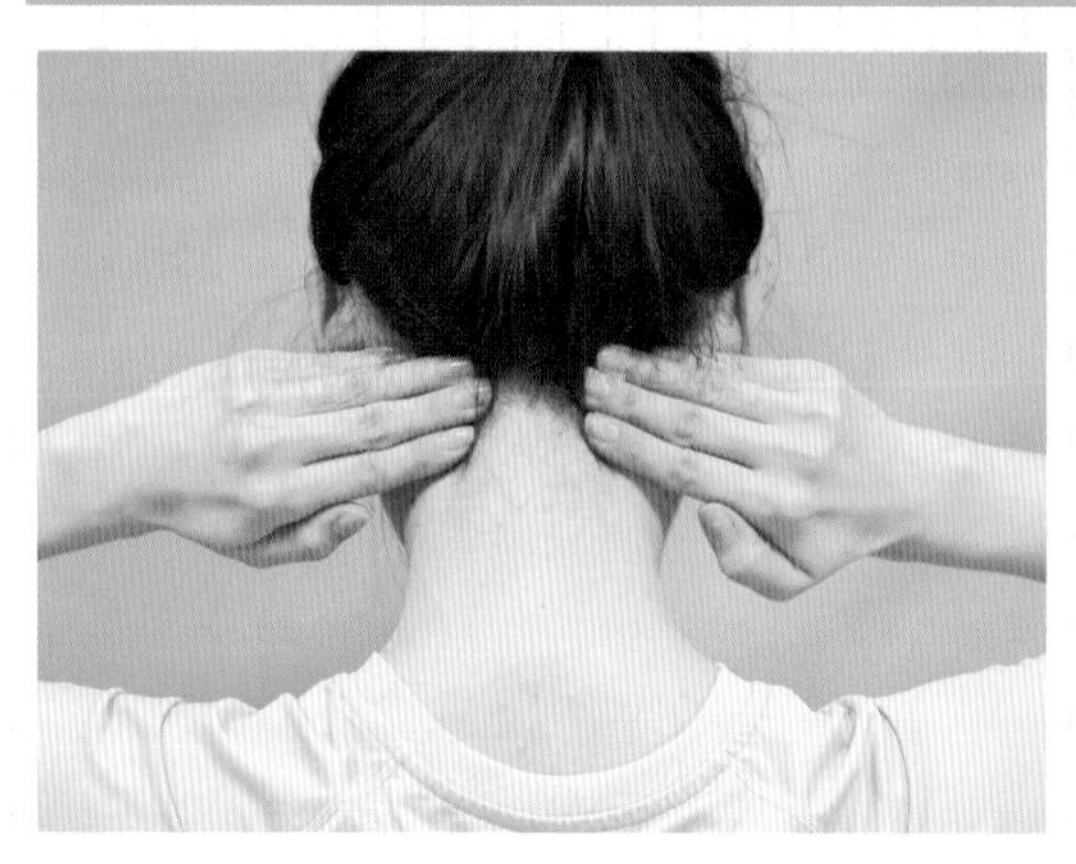

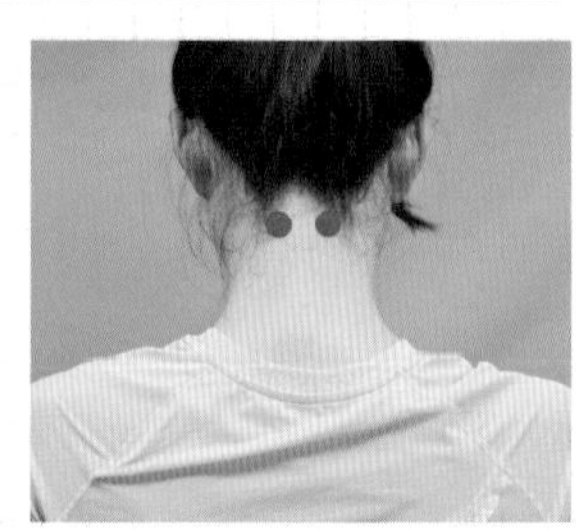

後頭部の中央部にある盛り上がった箇所（外後頭隆起）に指を当て、そこから少し指を下げたところにある骨の出っ張りの下が「天柱」。

風池（ふうち）の場所

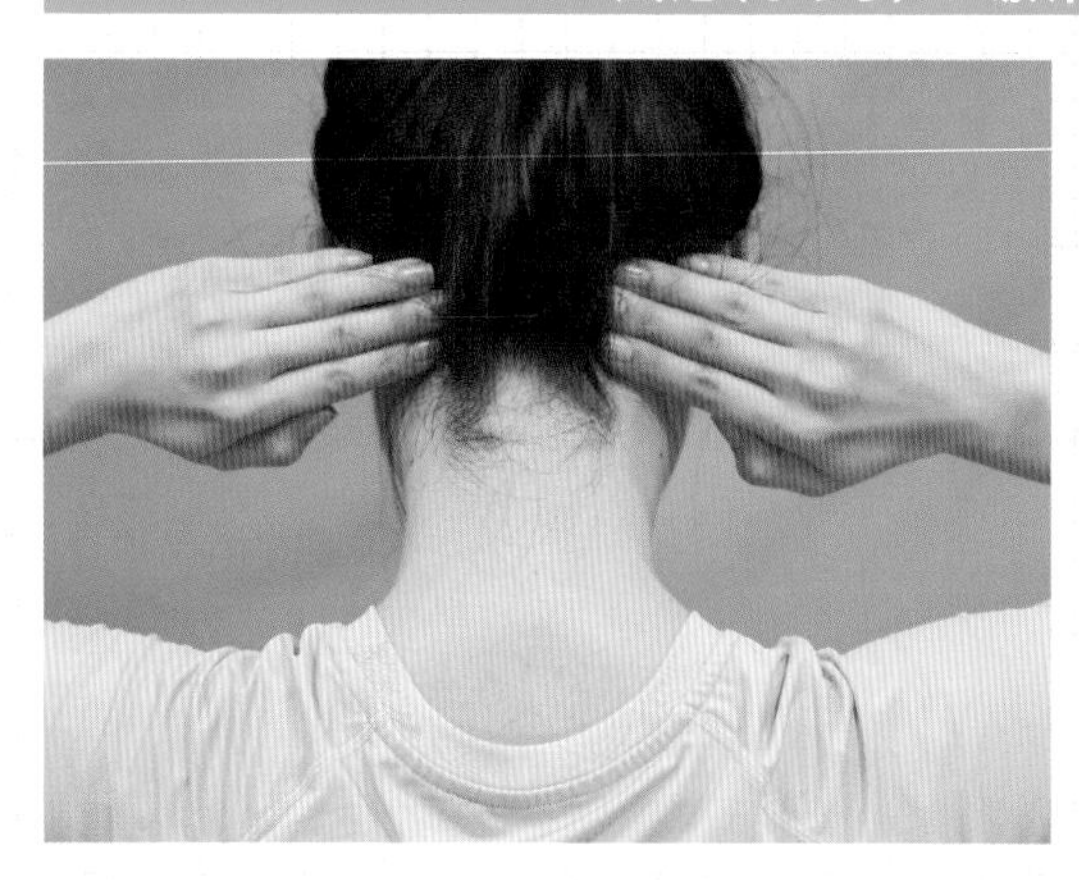

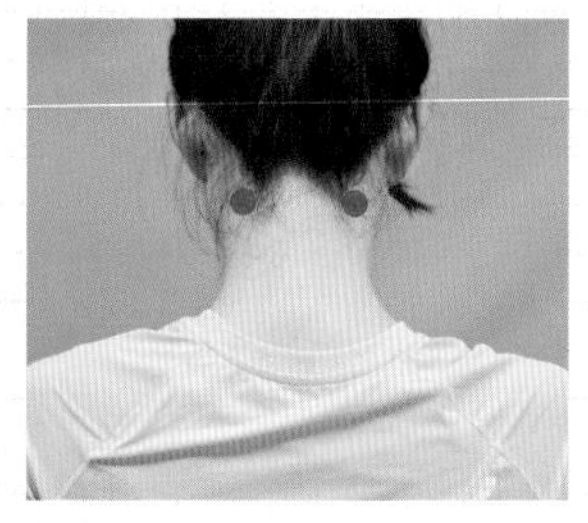

首の盛り上がった筋肉の外側あたりに風池がある。これらのツボを１分ほど押し続ける

乳様突起の場所

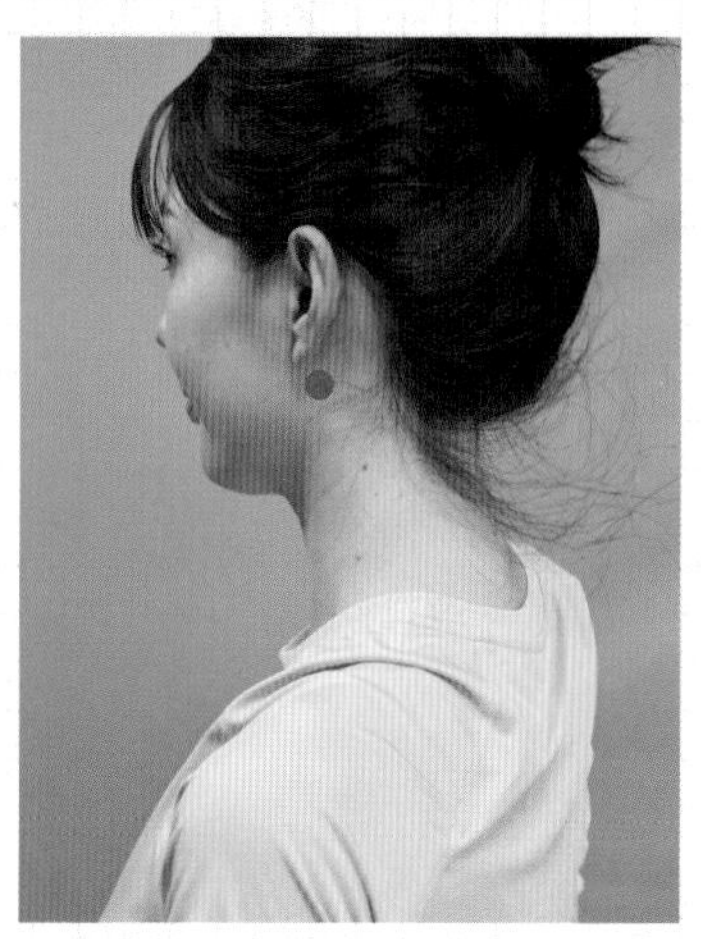

耳の真下に乳様突起はある。押す強さの目安としては「痛気持ちいい」くらい

続いて、上部頸椎と自律神経にアプローチしていきます。耳の真下には乳様突起があり、その下に第1頸椎があります。ここに、自律神経の中枢があります。この箇所を1分間、押していくのですが、硬くなっている人は押すと痛い場合があります。なので、強く押すのは避けてください。

押す強さの目安としては「痛気持ちいい」くらいです。同じ圧を1分ほどかけ続けていると、しだいに痛みが和らいでいくはずです。脳への血流もよくなり、リラックス効果もあるのでクセになるかもしれません。

オススメは、これらのツボ押しをお風呂でやっていただくことです。ただ押すだけでは、腕の重みもあるので大変です。お風呂だと、湯船に肘をついた、よりリラックスした状態で実施できます。

また、お風呂は最強の温熱療法です。シャワーだけで済ませた日と、湯船に浸かった日。翌日の疲労の残り具合に違いを感じる人は多いと思います。お風呂に浸かりながら、リラックスしてツボに持続圧をかける。首の緊張が緩和され、睡眠の質の向上につながります。

寝たままできる枕エクササイズ

次に、第６章で紹介した、頚椎サポート枕を用いたエクササイズです。第５章の「脱力するためのエクササイズ」をやったあとに行えば、さらに効果的です。

まずは簡単に、やり方を解説します。最初に、バスタオルを丸めて頚椎サポート枕を作ります。

その枕を、第５頚椎が頂点にくるように首の下に置きます。ぎりぎり頭がマットにつかないくらいの位置にします。ここで考え事をしてはいけません。目をつむって、リラックスしてください。

このときに、体のどこかに違和感を覚えるかと思います。例えば、左の肩が浮いているとか、背中の左側が張っているとか。そこで少し体を動かして、楽な状態に持っていきます。全身に違和感がない状態にして、リラックスします。

次に、足首の曲げ伸ばしを行います（背屈、底屈）。これを「曲げる→伸ばす」で１回として、計10回。そして、骨盤を整えます。右の骨盤を上げて、次に左の骨盤を上げます。

〈 枕エクササイズのやり方 〉

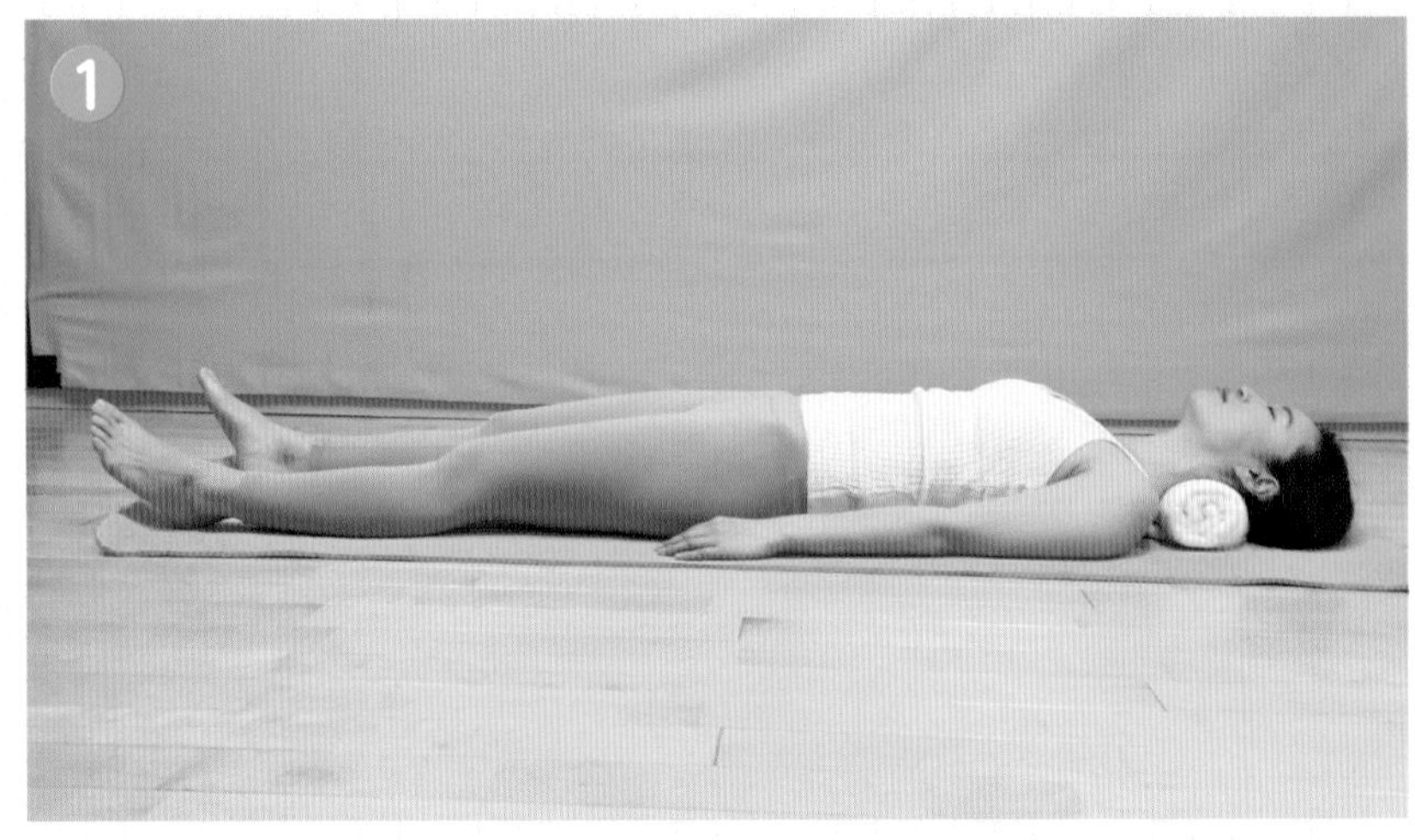

頚椎サポート枕を第５頚椎が頂点にくるように首の下に置く。体に違和感を覚えた場所があればそこを少し動かす。違和感がない楽な状態にしてリラックスする

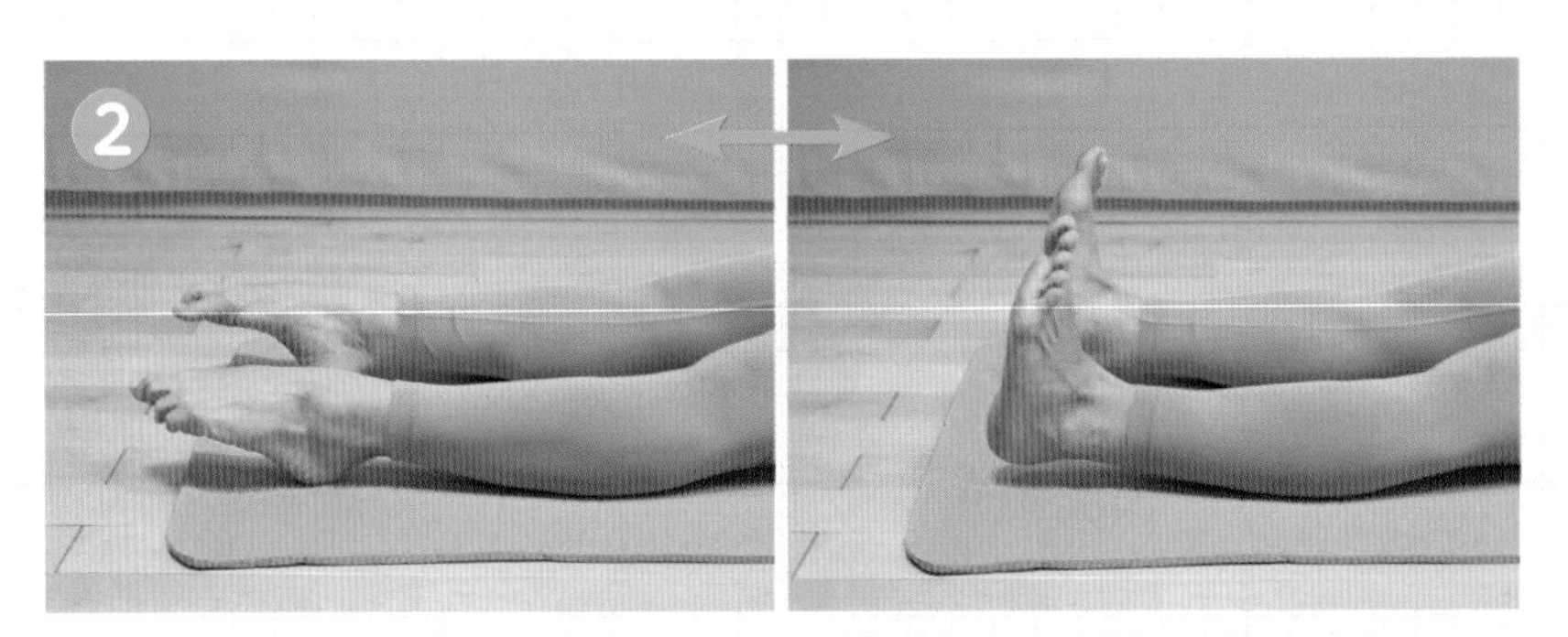

足首の曲げ伸ばしを行う。「曲げる（背屈）→伸ばす（底屈）」を１回と数えて、計 10 回

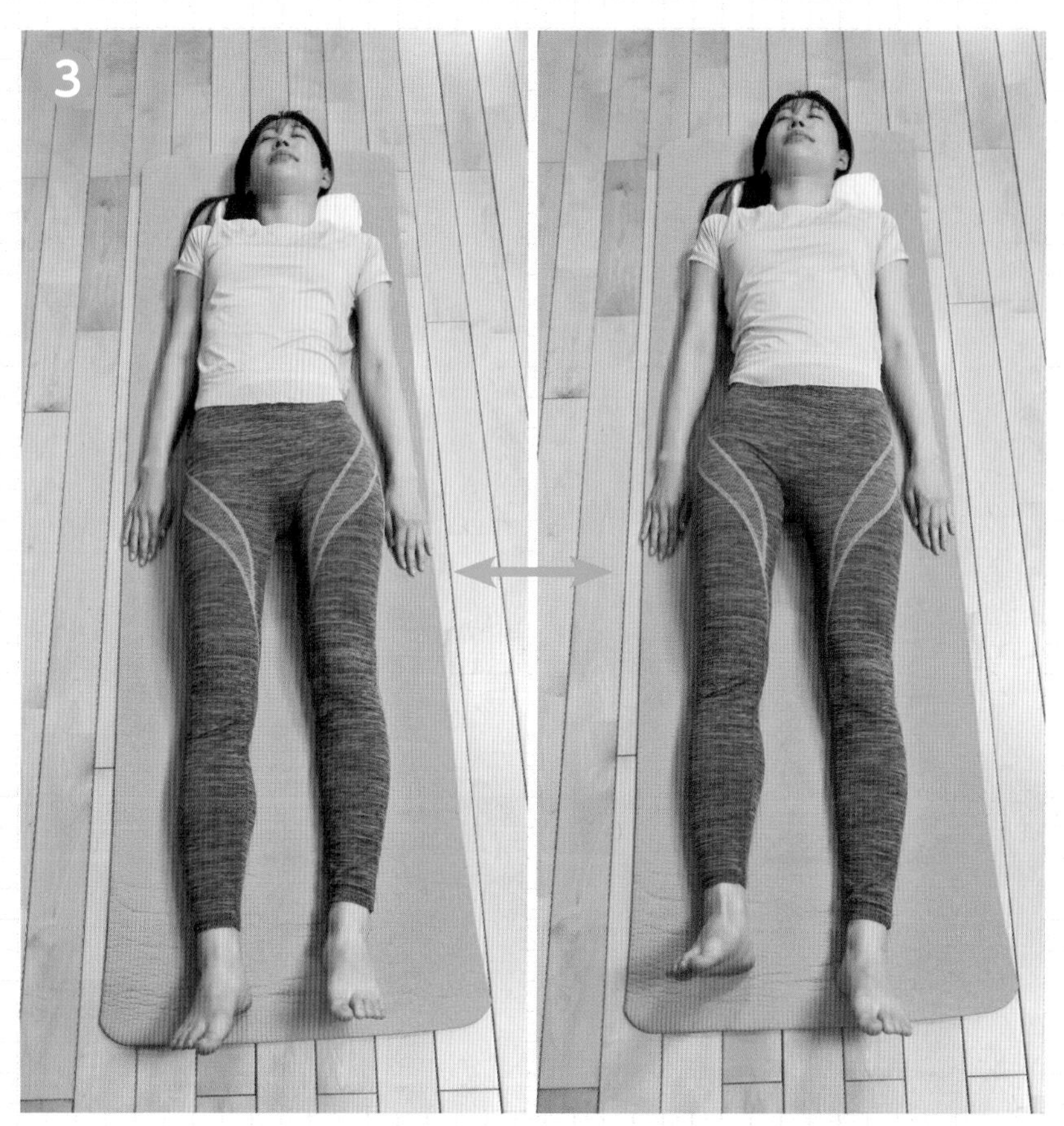

骨盤を整える。右の骨盤を上げたら、次に左の骨盤を上げる。これを 10 回ほど繰り返す

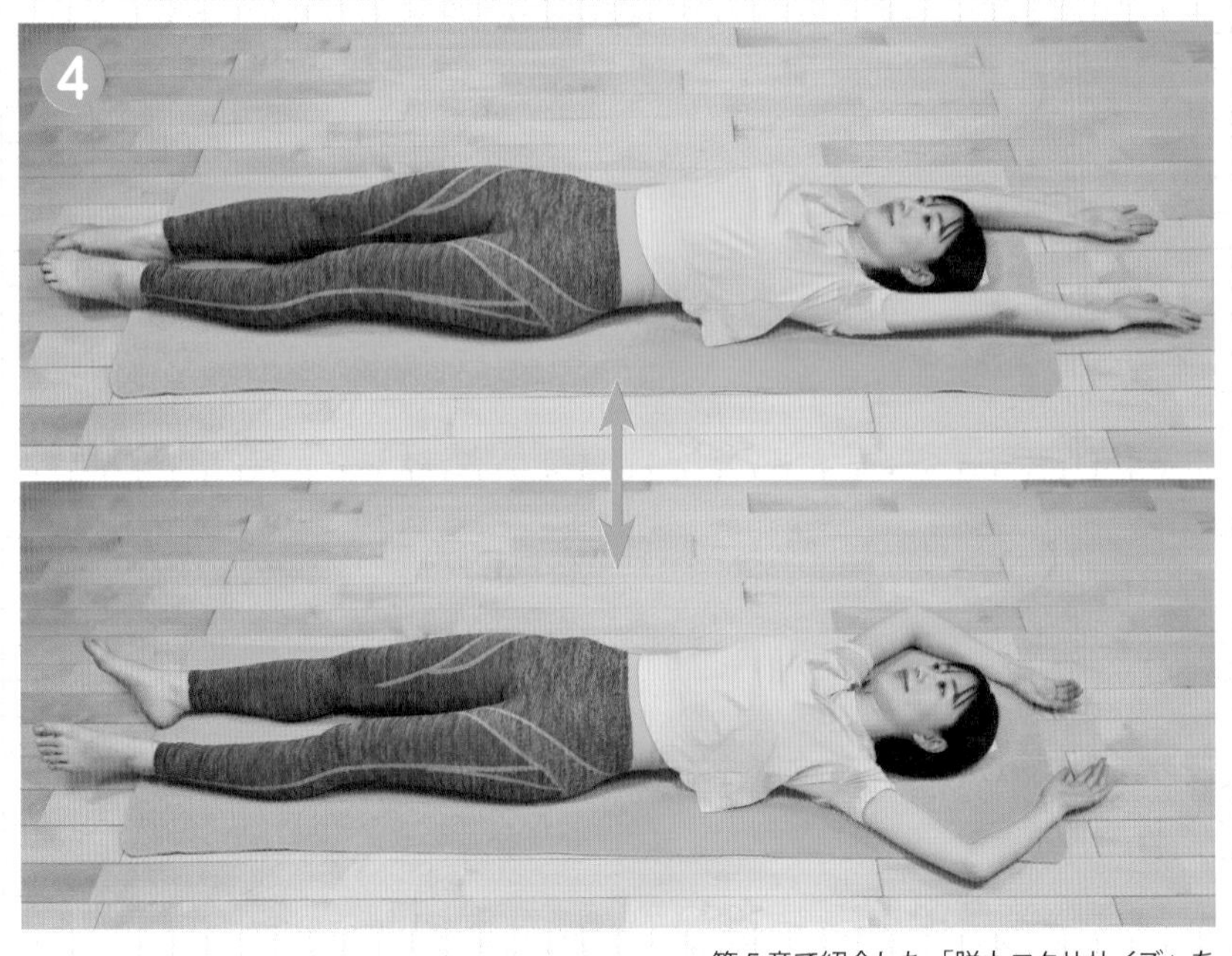

第５章で紹介した「脱力エクササイズ」を行う。全身をグッと伸ばして、ストンと力を抜いてリラックス。これを２、３回

5

そして最後に、全身に違和感がない状態にして目をつぶってリラックス。トータル時間で５分ほどを目安に

これを10回（左右5回ずつ）ほど繰り返します。

そして、第5章で紹介した「脱力エクササイズ」を行います。仰向けに寝て足の先から手の先までをグッと伸ばした状態から、ストンと脱力。最後に、目をつぶってリラックスして体のどこかに違和感がないかをもう一度、確認します。楽な状態を作ったら、そのまま「だら～ん」としていてください。時間としては、トータルで5分ほどはやっていただきたいです。体からしだいに緊張が抜けていき、驚くくらいよく眠れるようになると思います。

なぜ、たったこれだけで眠れるようになるのか

この枕エクササイズで「首の詰まりを取る」「リンパの流れを促進する」「骨盤を整える」、この3つがすべてできます。では、それぞれについて説明していきます。

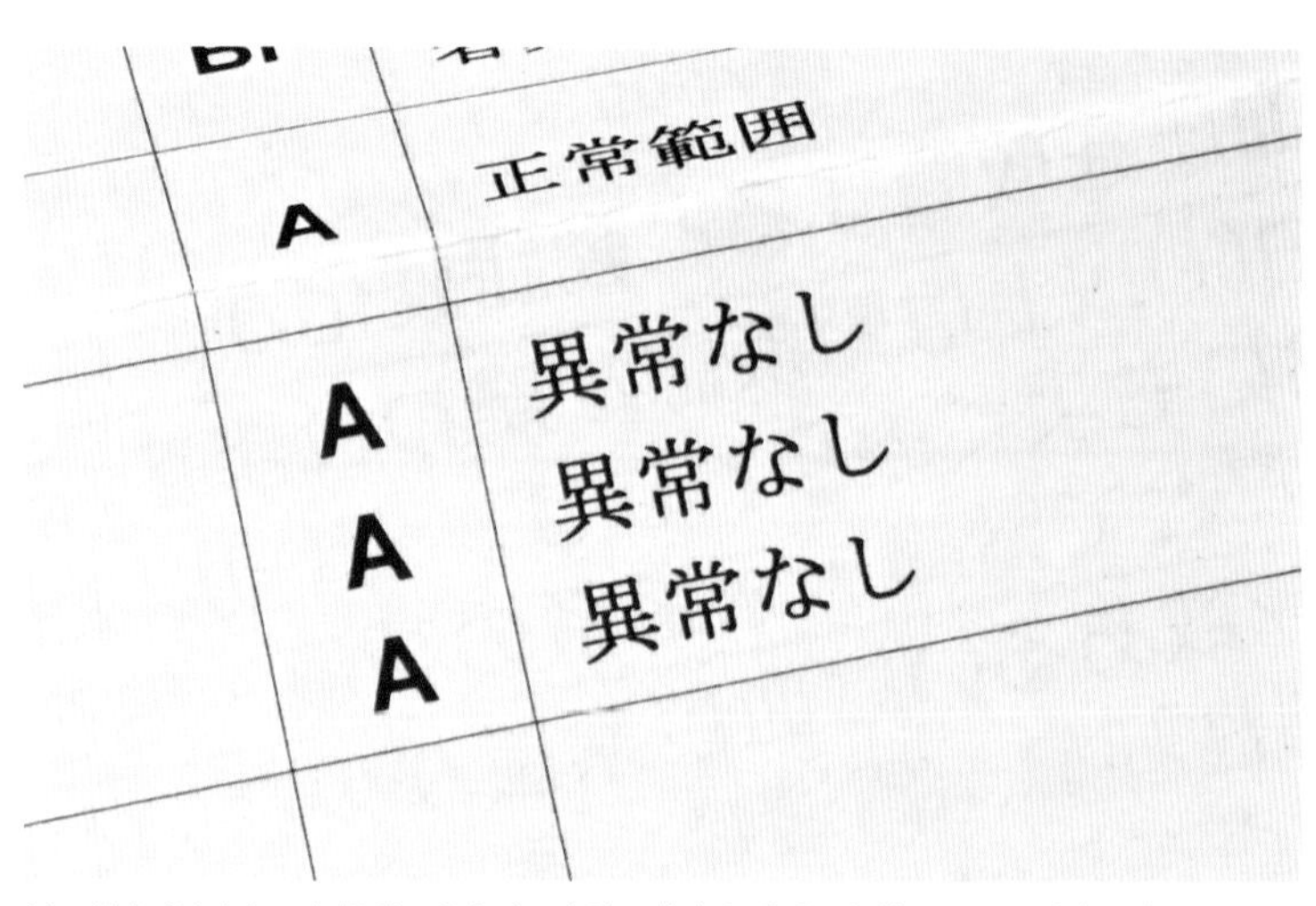

首の詰まりは病気でも怪我でもなく、病院で検査を受けても結果には反映されない

(1) 首の詰まりを取る

骨格構造上、重たい頭を支えている首は、常にストレスがかかりやすい状態にあります。そしてそのストレスは上部頸椎の「詰まり」となり、筋肉が硬く緊張し、疲労物質が溜まっていきます。

この「詰まり」は、自分ではなかなか分からないものです。病院で検査を受けても、結果には反映されません。首の詰まりは、西洋医学的には病気でもなければ、怪我でもないのです。

しかし、現代人にとって上部頸椎はストレスがかかりやすい場所で、そこには中枢神経が集まる脳幹があります。カイロプラクティックの世界では、上部頸椎と脳幹が同意語のように語られることもあります。つまり、上部頸椎の詰まりを解消するということは、脳幹の圧迫や締めつけを緩めるという意味合いがあります。

ストレートネックは、まさに上部頸椎が詰まっている状態です。具体的に言えば、第１頸椎と第２胸椎が首の前弯カーブを作っているのですが、ストレートネックにはそのカーブがありません。

理想的な生理的弯曲を描いている場合、仰向けに寝た状態では第５頸椎が首の前弯カーブの頂点にきます。そこに枕を当てることによって、頭の重さで首を伸ばしていくのです。引っ張るのではありません。自重のストレッチング効果で、自然なカーブを作っていきます。ストレスがかかって詰まった首を、リセットするのです。

⑵ リンパの流れを促進する

リンパは血管ではなく、リンパ管を通ります。血液は心臓の拍出により全身を巡っていますが、リンパ管は逆止弁が付いていて、筋肉の収縮によってリンパが流れる仕組みになっ

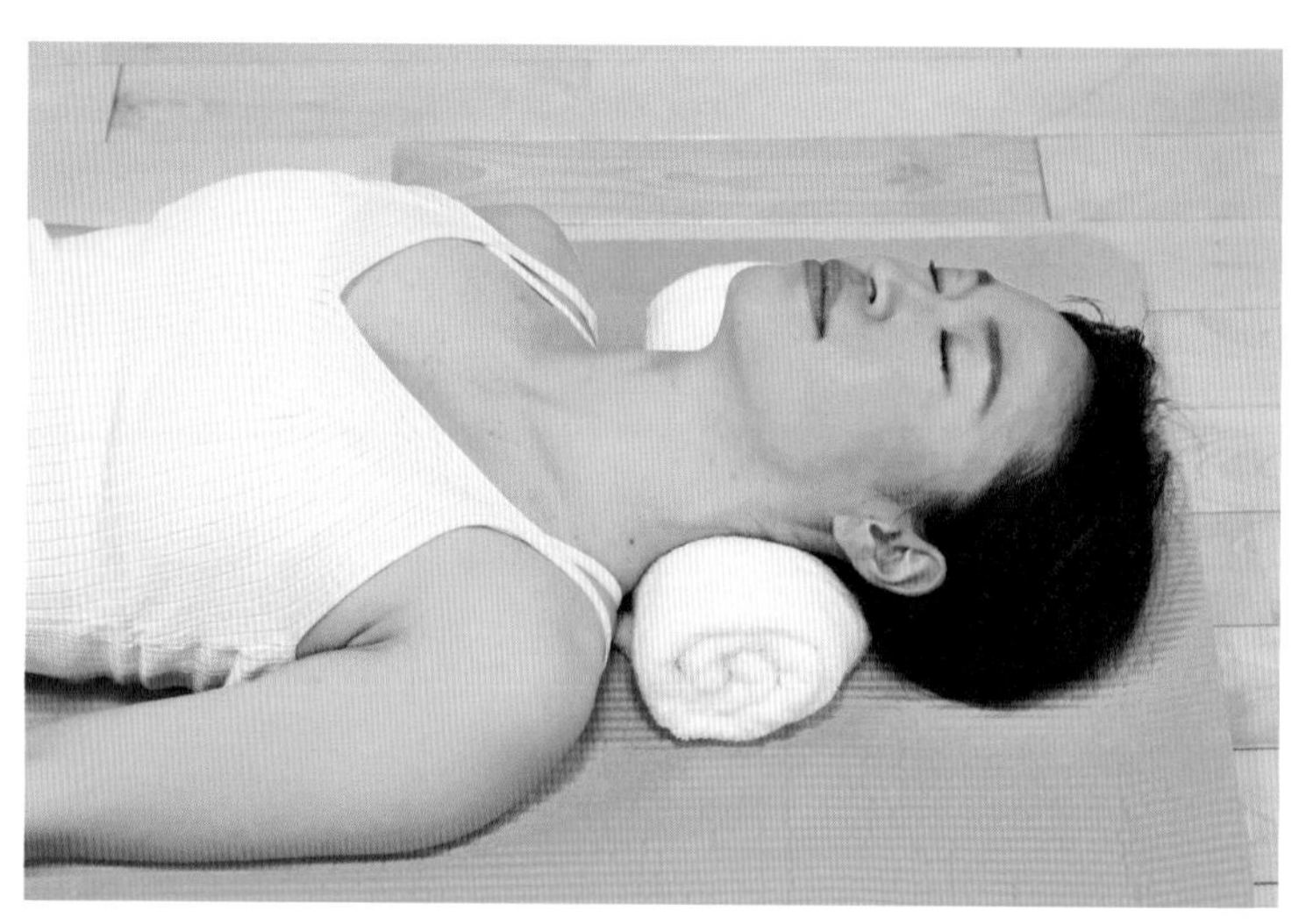

現代では日常生活で首へのストレスは避けがたい。良質な睡眠を得るには、一日の終わりに自重ストレッチングの効果で首をリセットすることが重要

ています。つまり、血液とは違って、何もしなくても勝手に流れるということがないのです。

足首を曲げたとき（背屈）には、ふくらはぎの筋肉（腓腹筋）が伸ばされて、足首を伸ばしたとき（底屈）には、ふくらはぎの筋肉は収縮します。足首を曲げたり、伸ばしたりすることで、リンパの流れを促進していきます。

(3) 骨盤を整える

仰向けに寝た状態で右の骨盤を上げる、次に左の骨盤を上げる。これを繰り返していくわけですが、右の骨盤を上げたときには左の骨盤は下がります。このときに、股関節のインナーマッスルである腰方形筋などがストレッチされます。

右の骨盤を上げたときは左の筋肉がストレッチングされますが、右の筋肉は収縮します。こうして骨盤を支えている筋肉を左右均等に動かすことにより、左右の骨盤のバランスを整えていきます。

スポーツだけではなく、仕事でも、家事でも、「利き足」というものがあります。ほとんどの局面で、人はどちらかの足に重心が偏っています。その、起きている間に発生している偏りを、リセットしていくのです。

そして最後に、脱力してリラックスし、体に違和感がないかを再度確認していきます。自分の「楽な体勢」というものは、自分の脳が知っています。姿勢も呼吸も心臓の動きも、すべては脳からの指令で神経がコントロールしています。

ここでは、自分の脳に導かれるように、楽にしてください。これは「脱力」するためにも、すごくいいトレーニングになります。これで起きている間に体を支配していた緊張が解除され、副交感神経が優位になっていきます。

筋肉は、休めると必ず回復します。擦り傷や切り傷もそうです。しばらくすると、勝手に治っています。

しかし、骨格の歪みや蓄積などは、自然治癒はしません。放置しておくと、どんどんと進行していきます。だから、このような「リセット」が必要なのです。

日常生活の仕事のシーンでは背中のストレッチ。お風呂ではツボ押し。そして、就寝前に枕エクササイズ。たったこれだけで、睡眠の劇的な改善が望めます。現代社会では首へのストレスは避けようがないといっても過言ではありません。アスリートならば、なおさらです。ぜひみなさんも日々の「リセット」を心掛け、良質な睡眠を手に入れてください。

おわりに

ある日突然、虫歯になったという人はいないのではないでしょうか。ある日突然、歯が痛くなったというのは、あるかもしれません。しかし、何も問題のない状態からいきなり虫歯になるということは、起こりえないはずです。

ある日突然、歯が痛くなったのは、気がつかないうちに虫歯が進行していたからです。骨格の歪みも同様です。知らないうちに、時間をかけて進行しています。その歪みの代償は、必ず体のどこかに現れます。歪みを他の箇所で補正しようとして、例えば腰が痛くなり、そして背中が痛くなり、さらには首が痛くなります。

歯を磨かなければ、虫歯になります。だから、ほとんどの人は「予防」という観点から、毎日歯磨きをしています。しかし、骨格のメンテナンスに留意している人は、まだまだ少数だと思います。ここに関して「予防」という意識を持っている人は、あまりいないのが実情です。

トレーニングを長く続けている人は、それこそ10年、20年、30年……と続けています。

アスリートは、一般の人よりもダメージが早く蓄積されていきます。歯の矯正には時間がかかるものですが、これは骨格も同じです。大きく歪んでしまった骨格をアジャストして、アライメントを整えるには時間がかかります。また、くどいようですが、骨格の歪みや蓄積されたダメージなどは、自然治癒しません。

だからこそ、日々のメンテナンスが重要になってきます。歯を磨くような感覚で、負担がかかった首を1日1回リセットしましょう。今回は、虫歯にならないよう、ご自身でできる歯磨きの方法をお伝えするような感覚で、本書を書かせていただきました。ぜひ、今後の競技生活やトレーニングライフに役立てていただければと思います。

宮沢資長

著者プロフィール

宮沢資長（みやざわ・もとなが）

せたがや整骨院院長。治療家道場「宮沢塾」主宰。

整形外科・整骨院での研修を積み、カイロプラクティックを学ぶ。病気や怪我で苦しんだときに出会えたすばらしい施術家や医師を目指し、西洋医学と東洋医学の思想を融合し、技術を追求し続けて約 20 年。施術の現場に立ち続け 2 万人以上を施術する。

多いときで 1 日 100 名の患者を一人で施術していたが、施術の質と量を最大限に高めるため、改善に特化した会員制の整骨院を開院。広告宣伝を一切しないにも関わらず、口コミだけで常に予約待ちの状態が続き、プロスポーツ選手や著名人をはじめ、どこに行ってもよくならなかった患者が全国各地より来院している。

実技モデル

Chie（左）／ダンスインストラクター
Lisa（右）／ピラティストレーナー

撮影：馬場高志
デザイン：ギール・プロ　石川志摩子
イラスト：ギール・プロ　Getty Images
編集：藤本かずまさ（株式会社プッシュアップ）
　　　編集スタジオとのさまがえる
協力：青 耕平　池澤孝泰　向井麻由美　宮本直哉

〈 宮沢が推薦する全国の凄腕先生 〉

本書で解説した頚椎への施術、骨や神経へのアプローチを受けてみたいという方へ。
私、宮沢が自信を持ってオススメできる全国の先生を紹介します！

光陽堂整骨院	秋田県秋田市泉南三丁目16-19 アクアパークテナントC	TEL 018-853-5684
しまなみ整骨院	新潟県新潟市江南区東船場4丁目1-27	TEL 025-382-7678
うおぬま元気整体院	新潟県魚沼市小出島1021-1	TEL 025-792-0141
ベストエヴァー	新潟県新発田市舟入町1-1-4 メゾンリヴェールB102	TEL 0254-28-7558
いろどり接骨院	福島県二本松市榎戸1丁目309-4	TEL 0243-62-1154
いろどり整体院	茨城県つくば市学園の森3-10-1	TEL 029-896-7868
みらい整骨院	茨城県土浦市東崎町11-30 内田ビル102	TEL 029-825-8088
いわつき整骨院	埼玉県さいたま市岩槻区本町3-3-8	TEL 048-812-7427
メリー整骨院	埼玉県さいたま市浦和区岸町4丁目24-1 近藤ビル201	TEL 048-711-1059
坂戸かい整骨院	埼玉県坂戸市薬師町28-12 フラワーハイツ103	TEL 049-283-6880
ふじの整骨院	埼玉県草加市中央2-7-4 最上マンション1FA	TEL 048-922-1971
Sunny鍼灸院.整骨院	東京都中央区日本橋浜町3-41-9	TEL 03-6661-0919
市後崎整骨院	東京都世田谷区北沢3-2-15	TEL 03-5454-1541
ふなこし足の治療院	東京都目黒区大橋2-16-28 パインヒルズ202	TEL 03-6407-1248
みょうが谷整骨院	東京都文京区小石川5-3-7 西岡ビル101	TEL 03-3868-2868
こいけ鍼灸整骨院	東京都文京区本郷5-1-3 コーポ菊坂101	TEL 03-3868-2845
大井町駅前整骨院	東京都品川区東大井5-4-12 東宝ビル4F	TEL 03-6718-4343

みよこ整体院	東京都杉並区和泉2-13-34メゾン永福301	TEL 03-6379-1223
練馬整骨院	東京都練馬区豊玉北5-7-11 藤和シティーホームズ練馬101	TEL 03-6874-9588
渋川整骨院	東京都大田区千鳥1-18-7	TEL 03-3751-0202
目黒もりおか整骨院	東京都品川区上大崎2-13-35 ニューフジビル201号室	TEL 050-3528-8342
新小岩けん整骨院	東京都葛飾区新小岩2-41-2	TEL 03-6876-6082
SUN鍼灸整骨院	東京都板橋区中台1-37-3	TEL 03-3550-8809
こざと整骨院	千葉県市川市南大野3-22-25	TEL 047-337-5398
綱島かわの整骨院	神奈川県横浜市港北区綱島西3-6-25	TEL 045-546-3130
かみみぞ整骨院	神奈川県相模原市中央区上溝5-12-4-1F	TEL 042-713-1290
かきたがわ整骨院	静岡県駿東郡清水町久米田27-11	TEL 055-956-3136
甲府スポーツ整体院	山梨県甲府市中央2-6-26	TEL 055-244-2005
さかき鍼灸接骨院	岐阜県羽島市正木町新井1045 ノレストハウス1階	TEL 058-322-6333
たてやま鍼灸整骨院	大阪府茨木市真砂1-9-31 ボー・ドミール南茨木1F	TEL 072-638-0119
整体スペースひまわり	兵庫県明石市大久保町大窪550-1 プランドール大久保301	TEL 078-936-9911
ひつじ鍼灸整骨院	兵庫県神戸市垂水区西舞子2-14-23	TEL 078-787-5011
葉ぐくみ整骨院	岡山県岡山市北区今8丁目14-28 今8丁目合同ビル	TEL 086-363-1700
平整体院	福岡県遠賀郡芦屋町大字山鹿1224-3	TEL 093-223-5022
りずむ カイロプラクティック	熊本県熊本市南区南高江1丁目11-117	TEL 096-273-7794

※2023年5月時点のデータです（移転やそれに伴う電話番号変更等の可能性のありますこと、ご了承ください）。

快眠(かいみん)エクササイズ

2023年5月31日　第１版第１刷発行

著　者　宮沢資長(みやざわもとなが)
発行人　池田哲雄
発行所　株式会社ベースボール・マガジン社
〒103-8482
東京都中央区日本橋浜町2-61-9 TIE浜町ビル
電話 03-5643-3930（販売部）
03-5643-3885（出版部）
振替 00180-6-46620
https://www.bbm-japan.com/

印刷・製本　共同印刷株式会社

ISBN 978-4-583-11608-2 C2075